教師を生きる！

LIVING AS
A
TEACHER

西谷英昭

桜美林大学北東アジア総合研究所

目次

はじめに

ほとんどの人は小・中学校九年間、高校・大学行く人はさらに数年間、学校に通い、主に教師から教育を受ける。自分が直接体験してきたから、かなりの確信を持って教育や教師についておしゃべりできる。たとえそれが自分だけの狭い体験であっても、それを一般化して「教育とは…」「教師なんて…」と論じがちである。「自分だったらもっと上手に教育が出来る。もっといい先生になれる」と思っている人も少なくない。残念ながらダメ教師も存在するが、多くの教師はまじめに勤めている。しかし、ただ与えられた仕事をまじめにこなすだけでは物足りない。「自分でもすぐ教師になれる」と思う人を増やすだけである。やはり教師のプロでなければならない。だが「プロの教師」とは何か、どんな先生なのか。これが約半世紀、私の求め続けてきた課題である。

教育という仕事は、その目標・範囲・方法・結果（効果）について人さまざまである。勉強面だけでなく、生活指導面についても教師・生徒、保護者、社会一般の見解は大きく違っている。そうしたやりにくい、難しい状況の中で多くの教師は、目の前の子ども・生徒の為に悪戦苦闘・

奮闘努力しているのである。教壇を降りた私は、今でもプロの教師であったという自信はない。ただ、より良い教師ではありたいと試行錯誤してきた、いわば教師修業の半世紀だったともいえる。そのプロセスは現場の先生や教師を目指す人には、いささかの後押しになるのではないかと思い、本書を執筆した。内容は具体的で分かりやすいと思うが、同じことをする必要はないし、出来るわけでもない。ただ、その底に流れる良き教師（プロ教師）たらんとする志をしっかり受け止めてもらえれば幸いである。

本書は現場での実践を念頭に置いているから、時に教育技術・方法論に傾きがちであるかもしれないが、学問としての教育学を軽視するつもりはまったくない。むしろ教育哲学・思想等からプロ教師たらんとする意欲が湧いてくるのである。

本書の構成は、教師修業の途上で考えたこと・実践した事を、それぞれの時期に書いたものが軸になっているので、類似の表現がある。それはそれだけ私にとっては大切な思いだということである。

本書は、桜美林大学教授川西重忠氏の特別のご配慮・ご尽力によって出版できた。心よりお礼申し上げます。

二〇一七年一月

西谷英昭

教師人生の展開

アチコチ駆け巡り、教師修業の連続

・・・・・

教えの庭に　東西駈けて
谷間にあえぐ　子供らの
俊英引き出し　昭和平成
追えば学びの　奥の深さに

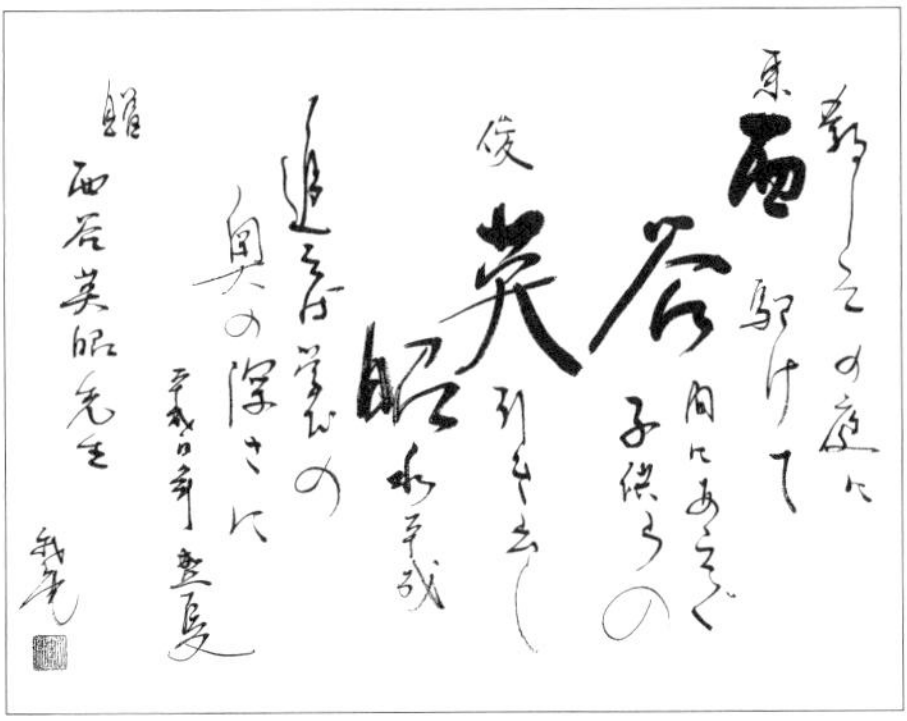

（クラブ合宿の民宿主人　向藤原和男）

教師人生の開幕

夢中で最初の一年を過ごして。
これからの我が教師人生はどう展開するのだろうか。

・・・・・・

初めて生徒を送る　教師としての喜び

教師となって初めての卒業式、荘重に挙行。「蛍の光」「仰げば尊し」にすすり泣く声。生徒のサイン帳に記しつつ最後の談笑を。レコードを聞いた。ピアノを囲んでたくさんうたった。一生懸命みんな歌った。I君、N君、Y君…。「学園広場」を歌いながらI君はまた泣いた。清らかな涙。ほとんどの生徒が帰った教室で、彼女らは最後のおしゃべりをしていた。やがて辺りも暗くなる頃、生徒たちは住み慣れた教室を出ていった。バス停に見えなくなるまで、校門に一人立って見つめていた。

ガランとした校内が無性にさびしい。もう去ったのだ…。もう少し、もう少し…一緒に歌いたかった。一緒に雑談したかった。一緒に黙って座っていたかった。教師って…私は今、しみじみその喜びを味わっている。この純粋なる感動、この心がいつまでも消えることなく続いてほしい。教え子とはかくもいじらしきものか。卒業していくとは、かくも教師の胸を締めつけるものか。私はもはやなすべきすべを知らない。深く黙して何度も彼女たちの幸せを祈る。

（1967年3月29日　毎日新聞）

教師人生の閉幕

「あれもこれも」したかった、との思いもあるが、私なりの「教師を生きた」満足感はある。

・・・・・・

教師人生半世紀　尽きぬ感謝

約半世紀の教師人生に幕を下ろすことになった。経済学者で自由主義思想家の河合栄治郎の著書『学生に与う』を読み、人の成長に興味を持ち、教師になりたいと念願し、高校分校の先生になった。担当科目が多かったが楽しかった。大規模校やいわゆる困難校も経験した。

定年前には大学へ転職し、先生の卵を育てる側にまわった。大学定年後は非常勤講師をしていたが、昨年末、突然の難聴で会話が困難になり退職を決めた。

大過なく悔いなく勤められたのは幸せであった。生徒、学生、同僚、友人知人のおかげであったと思われ、感謝の念がこんこんとあふれる。教師の仕事はいつも多難であるが、教え子たちの成長の一助となれる、教師冥利に尽きる喜びは何物にも代えがたい。彼らのさらなる成長と幸福を祈りつつ、万感の思いを込めて、「さらば、さらば教壇よ！」である。

（2015年1月25日　朝日新聞）

＊「①―（文章）―①」は巻末の引用・参照文献①を示す。

第一章　教師になる

大学を卒業して約半世紀、高校・大学の教師として生きてきた。なぜ教師になったのか、どんな考えで教師を続けてきたのかをまとめたのが次の文である。

①――――――――

教師への道

あこがれの大学一年生の夏休み、たまたま本屋で目に入った『学生に与う』（河合栄治郎）を読んでびっくりした。典型的な受験生であった私には、それまで考えもしなかった世界が展開されている。「人生にとって価値あるものは何か、学生いかに生きるべきか？」、しかも理路整然と述べられているから反論のしようもない。「そうだ、そうだ」と共鳴しながら一気に読了。何か厳しいけれど、新鮮で希望に満ちた熱い人生の生き方、人間の在り方に気付かされた。引き続き書店にあった『自由主義の擁護』『マルキシズムとは何か』を読んだ。社会科学の素養は何もなかったが、ぐんぐん引きずられながら読めた。後は河合栄治郎の本を求めて古本屋通いが続き、いつの間にか「河合ヤン」になっていた。

大学三年の春休み、四月からは就職のため会社訪問をすることになる。さてどんな会社が自分に向いているのか?「人生いかに生きるべきか、価値あるものとは何か」の世界にどっぷりつかってきた私が、簿記や会計学の如き没価値的な仕事で日々を暮らすことになったらどうしよう?究極的には利潤の追求が最優先されそうな私企業で、私の生き方はどの程度全うされるのか?といった懸念が湧き、悩む日々が続いた。

そんなある日、一後輩が「学校の先生は?」と言った。思えば河合イズムの核たる「人格の成長」そのものに関わる仕事。河合著作のほぼ全編に流れる「人格の成長」こそ教育の教育たる核心である。ここに青少年たちを導き教養に親しませるという仕事がある。教師をしてみたい!

かくして私の進路が決定した。しかし、それまで教職単位を何一つとっていなかった私は、四年になって初めてそれらの授業を受けることになった。教育実習は二年間にわたってやらねばならず、結局一年留年して教員資格を取得。背水の陣で受けた採用試験にも無事合格。大阪では数少ない高校の分校へ喜び勇んで赴任した。以後三十五年間、一個の教師として、人間としての私のあり方の根本にあった河合栄治郎、そして『学生に与う』。その人生論、教育魂が私の教育現場にどう生かされてきたかを振り返ってみる。

教育の原点を忘れるな！

長年教師をしていると、日々の教育活動に慣れ、マンネリ化する。うまくいかない事はとりあえず生徒のせいにし、制度やマスコミ、社会のせいにしがちである。教師にあこがれた熱き思いが沈んでしまう。そんな時、あるいは新しい学年・学期の始まる時、しばしば『学生に与う』を読み返す。全篇に溢れる人格の成長と学生に対する深い愛が行間にみなぎって我が心に迫る。「人格の成長」とは何か？河合はフィヒテやナトルプの言を引用しながら、「人間自身を形成すること」「人間を彼たらしめること」「人格を陶冶すること、すなわち各個人を完成すること」と簡潔に述べる。これを私流に「個人の能力を最大限に引き出し、伸ばし、その可能性を最大限に開花させること」と受けとめる。すぐれた教育実践家、斎藤喜博氏がいう「可能性に生きる」や昨今言われる「自己実現」といった理念も、「人格の成長」の解釈に含めて考えることができる。さらに「人格の陶冶」＝教養ともいい、「自己により自己を教育する」（『学生に与う』以下同じ）ともいう。こうして河合は教養の価値を強調し、青年に青年らしい理想的在り方を示す。

教師である私が、生徒に期待する理想像をもイメージさせるものである。すなわち「青年らしいとは、高きものへの憧憬、価値あるものへの感激、深いものへの魅惑、魂を震わすものへの涙、これである。（略）青年が青年らしい時、野中の一本杉の如くに、真直であり単純である。」こうした状況に生徒を誘うことこそ教師の仕事ではないか、それゆえにこそ教師に惚れたのではないか。かくして再び教育の原点に立ち返り、「頑張ろう」という気にさせられるのである。

教育の主体者たれ！

近年、「脱学校、非学校」路線を擁護し主張する流れがある。「学校は必要か」「学校は死んだ」「学校が消える日」等々。或いは「人が人を教えるなんて出来るのか」「指導するのではなく、支援するだけ」「教師はただ生徒に寄り添うだけ」といった言葉が、その柔らかい物言いとあいまって罷り通る傾向がある。あくまで教師は脇役なのである。しかし、そうした言葉が学校現場でどんな力になりうるのか、なかなか判断は難しい。場合によっては、多くの教師が主体的、積極的に指導する自信を無くしがちな風潮を生み出す。こうした時、河合の一文は我々を勇気づける。「教育の主体中の主体ともいうべきは、教育者でなければならない。（略）彼は教育を以て生涯の任務とする職業人であるから、彼から継続的に教育を期待することができる。意識的であり継続的であるから、彼は能動的に積極的に教育することができる。」

もちろん強圧的に教師の権威を笠にきて生徒を管理・指導せよというのではない。生徒の人格成長を願う盤石の信念・愛情から発露する指導である。とはいえ、思うようにはいかぬ日々の学習指導・生徒指導から、ついつい腰が引けそうになり、面倒な生徒との関わりを避けようとする。そんな時、河合栄治郎の学生に対する溢れんばかりの愛情・関与の姿勢は、めげそうな私を奮い立たせる。粕谷一希氏は「（河合栄治郎には）〝他人を教えることの怖さ〟といったためらいはまったくなく」「強く深く青年たちに関わることを欲し、（略）倦むことなく学生に向かって語り続けた」と述べている。（『河合栄治郎』粕谷一希）

教育方法を探れ！

「教師は単に学者であってはならない。（略）担任した学科の全貌を要領よく展開せねばならない。（略）言語による表現の能力を持たねばならない。（略）云わんとするところを簡潔に発表しうることは、（略）教師としては絶対に必要である」。これは広い意味での教育方法・指導技術の力量を身につけよということであろう。どんなに学問を深め、素晴らしい論文を書こうとも、どんなに高い理想・理念をかかげようとも、どんなに優れた運動や芸術の能力があろうとも、それらが生徒に伝わり、生徒に活かされなければ意味がない。学習意欲のない生徒、体育や芸術の苦手な子、集団活動になじまぬ子等々、多様な生徒を前に、教師の求める教育目標を実現するためには、それ相応の方法・技術が必要なのである。中には人徳・名人芸でこうした方法・技術を無用とする教師もおられるが、その主たるエネルギーをここに注がなければならない現場教師も少なくないはずである。どんな教材を、どんな順序で、板書の仕方や発問はどうか、想像させたり、沈思黙考させたり、記述させ、発表させる場・方法はどうか、グループ学習か一人学習か、実践のための教材研究と技術探究はとどまる所がない。河合氏の文章は理路整然とし無駄がなく、その弁論は力強く、感動的であるなどと聞くたびに、教師としての資質の豊かさを羨ましく思う。

『学生に与う』で「考えること、書くこと、語ること」が述べられているが、これは教師の力量を培うためにもしっかり受けとめねばならない所である。生徒の作文・論文を評価するには、教師の文章能力、板書・レジュメ作成には簡潔な要約能力、生徒個々と話す時、授業で一斉に話す時の話し方能力など軽く見過ごす訳にはいかない。教師教育の場でもかかる研修は見当たらない。「自己により自己を教育する」にしくはない。私は「授業づくり」のためにあちこちの研究会に出かける。小中学校の先生方からも多くの刺激と教えを受ける。カルチャーセンターやラジオから話し方を学ぶこともある。時にテクニックに流れがちと言われながらも、現場教師としては、こうした分野での力量上達も心がけねばならない。理想主義者河合の思想から、極めて現実主義的な方法論へと駆り立てられるのである。

偏狭を脱し、全人に返れ！

千差万別、多種多様な生徒を前に、特に教師は幅広い見方・考え方・態度・行動等への理解が求められる。幅広い人の生き方・在り方に柔軟な態度がとれるようでありたい。しかし、教師はしばしば世間知らずであり、独善的でその世界は偏狭であると言われる。河合は、職業が人を偏狭にしがちであるから、それから脱して全人に返らなくてはならないといい、その二つの方法を教える。一つは、その職業に徹して「ある事についてあらゆる事」を知る方法（これは特殊に生きて普遍に徹する）であり、他は職業の傍ら「読む」「聞く」「考える」ことを併行させることである。本来、真摯に自分の職業に取り組もうとすれば、自ずと第一の方法は帰結されることである。私も河合のこの言と教育者魂にプッシュされながら、かなりの教育書・実践記録を読んできた。読めば一層混迷も増し、己れの至らなさを痛感させられるが、それが更なる向学心をもかきたて、新しい視点で現場に向き合うことも可能にしてくれた。

第二の方法については、河合の著作に親しめば、自ずと人文・社会科学の広い世界に導かれる。結果的に私は、広いが浅い学問しか身につかなかったが、学者でない現場教師としては悔いがない。もっと深めたいとは思いつつ、日々の教師の仕事はなかなか余裕を与えてくれない。ストレスのたまることも多く、ついつい本務以外の修養は怠りがちである。そんな時に限って「忙しくて余暇がないとは、自己詭弁の口実でなければ幸いである」という河合の一文が、恨めしくも思い出され鼓舞されるのである。

純理的立場を！

「たとえ自分の意見が通らなくとも、（略）男らしく多数決に服しなくてはならない。（略）自分の意見の敗れたことは口惜しくあろう。しかし、（略）淡泊に快活に服して、再び他日の勝利を待つがよい」。この民主的態度は当然のことではあるが私には折にふれ、この「純理的立場」が想起される。自分の考えと対立したものであれ、感覚的に嫌なものであれ、純粋に理性的見地から検討し、合理的で正しいと判断されるものは、これを受け入れ肯定するという立場である。立場上、自分の好みで少々都合よく配慮出来ることがあっても、かえって自主規制してしまう。嫌な教師の言い分も、それが確かに筋の通ったものなら、こちらの不利になることもあえて承認してしまう。強制的な人事異動も、困難校に勤めている人の話（強制異動でもなければ転勤できない）を聞けば、なるほどと納得。私個人の強制異動は嫌だが、なされたら不服申し立てなどせず、粛々と従うべきだと考える。公的な会議はもちろん、組合の選挙、クラブ活動における正選手の選抜、公務分掌の分担など、その時々の雰囲気に流されることなく私なりの姿勢を貫くことができた。生徒の嫌う教師の態度に「えこひいき」がある。先生の好き嫌いや気分で評価されてはたまったものではない。子どもを公正に評価すべき立場にある教師には、特にこの純理的立場が肝要であろう。

生徒への理想主義的視点

準義務化された高校生は実に多様である。知力・体力・道徳性・感性・価値観・立ち居振る舞い・言葉遣い等々、その格差たるやすさまじいものがある。生身の人間である一教師としては、ほとほと愛想が尽きて一刻も早く縁を切り、見捨ててしまいたいと思わせる生徒もいる。だが河合栄治郎は「人格になりうる可能性においては平等」だと強調する。もちろん「人格成長を成しつつある程度が同一だと云うことではない」から、今はどんなに能力不足・傲慢・下品であっても、よりよい人格になりうる可能性即ち人格性は持っているのであり、その点においてすべての生徒は平等なのである。「与えられた天分が何であるかは我々の喜憂を左右すべき問題ではない。与えられた地盤の上に、どれだけの努力が為されたかだけが、我々の問題でなければならない」。勉強でもクラブ活動でも、まじめに努力しながら、どうしても成績が伸びず、上達の遅い子がいる。また自己肯定感が弱く何事にも消極的な子がいる。そんな時いつも私はこの一文を思い出し、応援したくなる。河合の弟子塩尻公明氏もいう「手近の理想主義」である。たえず一〇〇%を目指して向上しつつある途上で、わずか一%でも一〇%でもその成果を評価し、さらなる向上を促すのである。こうした理想主義的視点を持てない限り、教師生活は張りのあるものとはならないだろう。

他律の効用

管理教育の非が声高に繰り返される。いわゆる困難校ほど校則（拘束）も多く、さまざまな管理がなされる。しかし、その外面だけの批判がしばしば非現実的で的外れで、現場教師の意欲を阻害することも多い。教職を望んだ時、だれが頭髪・服装検査、トイレや校門の立ち番、生徒の暴言や無礼な言動とやりあう自分を想像したろうか。授業を成立させ、行事をやりぬき、すべての生徒・教師が安全に学校生活を送るためには、それ相応の規律・管理が必要な現場も存在するのである。安易な遅刻・早退・授業中の徘徊・携帯電話・余念なき化粧・熟睡・はてしなき私語等々、自由・権利・個性といった言葉が好き勝手に使われ、何でもありの観を呈している。それらの言葉は常に正論めいて響き、規則や管理を隅に追いやる。だが河合は「朝は何時から始めて何時に終わるとか、学生に好き嫌いを問わず一定の学課を習わせるとか、宿題を与えて期日までに提出させるとか、試験を行って勉強を強制させるとか」といった規則の持つ他律の良さを説いている。「学校の良さは他律の良さである」とさへ述べている。もちろん時代の流れもあり、カウンセリングマインドを踏まえた柔軟な対応も必要であるが、安易に自由・権利・個性等の言葉に流されて生徒に迎合するべきではない。それは生徒の人格をおとしめることにもなる。

他律の良さに通じるものとして、河合は団体活動を勧める。行事やクラブ活動の先細りが進行している昨今、はたまた人間関係づくりが不得手で、集団活動にもなじめない子の増加がみられる昨今、その良さを再認識したいものである。「人は独りの時にともすれば眠りがちである。多数が協同すると一定の雰囲気が生み出され、自分はその雰囲気から眠りを覚まされ刺戟を受ける」ものである。私が教室で人間関係づくりのエクササイズを導入したり、クラブ（部活）指導に意欲的に取り組んだのも、こうした視点があればこそであった。

勉強は人格成長のため

私流の河合イズムがもろに披露されるのが、授業開きである。自己紹介で教師になった道程を話した後、人生における高校生の位置を語る。WHY?という問いを発することによって第二の誕生を迎え、自分自身の人生を歩み始めること、親や教師の示す生き方だけではなく、自分独自の生き方・在り方を求めていくべき時期であることを、『学生に与う』の「修養（一）」を拠り所に語る。学期始めのこともあって、じっくり聞いてくれる手応えがある。

時々「何のため勉強するの?」と聞かれる。河合流の「人格成長」をくだいて話す。「君ら勉強がわかった時、うれしくはないか?全然泳げなかったのに、練習してやっと数メートル泳げるようになった、初めて楽器で一曲弾けるようになった、といった経験はそれ自身で嬉しいだろう。心の中から確実な喜びが湧いてこないか、それが人間の成長ということやね。それは無条件に嬉しい事でしょう。勉強というのは、そういう人間の成長を促すものなんや…」。こうした話は私自身の中に定着しきっているので何度話しても熱が入り、多くの生徒は真剣に聞いてくれる。

① ―――――――――――

右は定年を二年残して高校を退職した時、「現場に生きる河合栄治郎」という題で寄稿を求められたものであるが、私の教師としての一貫したスタンスを表している。

第二章　私の「教育とは？」から

教育といえば、あちこちで「人格の完成、陶冶」といった言葉が出される。前述のフィヒテやナトルプ以外にもペスタロッチは「精神的、意志的、身体的・・これら諸能力の調和的発達」という。もう少し敷衍《ふえん》して河合栄治郎は「教育とは、人格の陶冶である。（略）人格を構成する要素は学問・道徳・芸術であり、各々の理想が真・善・美であるから、人格の陶冶とは、真・善・美の調和ということも出来る」という。

人格という言葉は抽象的であるが、私は次のように受けとめる。すなわち我々人間には様々な資質・可能性が与えられ生まれてきた。その与えられた資質は人によって違いがあり、どうすることもできないが、主たる中身は知的（学問的）、情的（芸術的）、意（志）的（道徳的）な分野である。これに体力的側面を考えてもよい。これらの中でもさらに、文系か理系か、音楽系か美術系か、勇気・節制・正義感などの強弱の違いがある。語学や運動能力の素質豊かな人もいれば、人間関係形成に優れた人、ユーモアーに富んだ人もいる。どの素質・可能性が多く（強く）

或いは少なく（弱く）賦与されているかは、運命的としか言いようがない。しかし各人に与えられた素質・才能をどう活かすか、どう成長させるか、は人間の、教育の問題である。「何を与えるかは神様の問題である。与えられたるものを如何に発見し、如何に実現すべきかは人間の問題である。与えられたる物の相違は人間の力ではどうすることもできない運命である。すべての個人を通じて変わる事なきは、与えられたる物を人生の終局に運び行くべき試練と苦労と実現との一生である」（『三太郎の日記』阿部次郎）。賦与された素質・能力・可能性は、まさにその人固有のものだから、それを育成することが個性の伸長になる。これを見出し、引き出し、育てる手助けこそが、教師の役目であろう。

こうした素質・可能性をもった人間を人格とよぶ。だから人格を成長させることは、各自の素質・可能性を成長させることである。この可能性を強調したのが齋藤喜博氏である。「人間はだれでも無限の可能性を持っているものであり、自分をより豊かに成長させ拡大し変革していきたいという願いをもっているものである。（略）人間の持っている豊かな可能性を信じないわけにはいかない。そういうものを引き出し拡大することこそ教育の仕事だと考えないわけにはいかない」（『可能性に生きる』）。

理数系に弱い人、芸術面がからきしダメな人もいる。それはその面の能力・可能性がゼロというのではない。何かのきっかけで、或いは本人の努力で不得手と思われていた分野を少しは成長させることもできる。全く泳げなかった子でも、頑張って練習し、２ｍ、３ｍ泳げるようになることもある。その時は水泳能力（可能性）が、２ｍ、３ｍ分成長したのである。全然解らなかった勉強が少し解るようになった、人前で話せなかった子が、一寸話せるようになった…、すべてその分だけ成長したのである。教師としてはそのように子供を見ることが大切であろう。「いくら教えてもあの子はダメだ」と思いたくなる時がある、何度も裏切られることもある。それでも教師は、その子の素質・可能性をゼロと断じてはならない。たとえわずかでも、その子の可能性を信じて教え育てる営みを続けなくてはならない。

又それぞれの素質・可能性は、まさにその人個々人のもので、それが「自分」であり「自己」なのであるから、そういう自己の素質・可能性をひきだして現実化していくことは「自己実現」ということになる。「教育の果たす役割は、人間が自己実現をとげるのを助けることである。人間はもともと成長をとげ、高い価値を実現してゆくことのできる意欲も、能力ももっている。（略）そこで教育は、計画的によい環境をつくり、個人の持つこのような意欲や能力を引き出し、可能性を実現してゆくところにその存在意義があるのである」（『自己実現の教育』上田吉一）。

こうして私にとって教育とは、人格の成長＝可能性に生きる＝自己実現である。それを実感することは無条件に嬉しく、張り合いがあり、生き甲斐になるからである。

これをまとめて「人間中心の教育」を目指すとしたのが次である。

教育という時、私には三つの概念が重なっている。

②

一つは、「人格の成長」である。河合栄治郎、阿部次郎、カントなどの人格主義で、抽象的ではあるが、青年期の私に決定的影響を与え、教師への道を選ばせたものである。「学生をして人格性の存在を自覚せしめ、人格への陶冶がおよそ最高の価値たることを意識せしめ、動もすれば弛まんとする努力を鞭うつこと、これが教師に残された任務であり、しかして教師をして教師たらしめる最も重要な任務である。」（『学窓記』河合栄治郎）。

二つ目は、「可能性に生きる」である。人格の陶冶といっても学校現場では、具体的にどんなことをすればよいのか、どうすれば人格の成長を実感できるのか、わからぬままに私は、気持ちだけが先走り、がむしゃらな「熱血先生」的であろうとしていた感がする。そんな私に齋藤喜博氏の著書はプロ教師の在り方を示してくれたように思える。授業や行事で教師のなすべきことや、必要とする力量を考えさせられた。「すべての子どもに可能性がある。教師は授業で勝負すべきだ」という齋藤氏の信念が私をとらえた。林竹二、福地幸造、大西忠治、向山洋一、有田和正氏等々多くの実践記録にふれた。授業以外でもそれぞれの持ち場で悪戦苦闘しながらも、生徒の可能性を信じ、それを豊かに引き出すことによって、喜びや自信を与えている実践家の姿勢に心騒いだ。ただ齋藤氏のような授業はどうすればできるのか。あれは齋藤氏だからできる名人芸なのかもしれないと思い、熱烈にあこがれつつも私の現実は、できるだけわかりやすく楽しい授業をして、成績が少しでも上がるような力をつけてやることに満足していた節がある。

三つ目は、「自己実現」である。合流教育を知り、感情的・情意的側面へ目を向けられた。人間の可能性といっても、暗黙のうちに知的な面ばかり重視していた感のある私にとって、これまた目から鱗《うろこ》であった。言葉で「知・情・意を調和的に発達なさしめる」とか承知していても、教室では知の面しかなかったように思う。情意的側面に目を向けるということをきっかけに、個々の生徒をより全面的に見ることを学び始めた。河津雄介氏やロジャーズなどに導かれ、表面には見えない生徒の奥にあるもの—感情や感じ方、価値観や気質などにも留意するようになった。意識されている部分と無意識の部分、見える部分と見えない部分、人間として持っているあらゆる能力や傾向性を触発しながら、その人自身の人間性を十分に開花させること、それがその人自身を生きることであり、その人の独自性、個性の発現でもある。すなわちその人の「自己実現」である。

こうして抽象的な「人格の成長」から始まり、学校の授業や行事で「可能性に生きる」実践をさぐり、やがて個々人の全人的な「自己実現」の概念に至っている。そしてそのつど、それら目標となる概念を現実化するための手立てを求めてきた。「自己実現」を援助するためには、何が必要なのか、どんなアプローチが有効なのかを考え、求めざるをえない。リラックスした教室風土、肯定的な言葉での応答、自他への気づきと尊重、情意面の触発や共感的理解等々。さらにこれらを生み出すためには、何をどう取り組めばよいのか、その力が私にあるのか。私自身がリラックスできること、感性をみがくこと、自己概念を高めること、カウンセリング的技法や人間性の何たるかを学ぶこと等々。さらに生徒が生き生きとして教材に興味を示し、のってくれる手段も用意したい。「仮設実験授業」的やり方が有効と思う場面では、それを使う。学習ゲームや「バズ学習」も取り入れよう。時には「集団主義教育」的方法が必要な場があるかもしれない。「授業づくりネットワーク」や「教育技術法則化運動」の中で蓄積されてきた様々なネタや発問、テクニックも役立てたい。比重の置き所が少しずつ違っても、それぞれのやり方で生徒の可能性を掘り起こそうと意識的に頑張っている実践家から得るものは多い。私にとっては、役立つと思える限り、右からでも左からでも学び活用していきたい。それが今の私にとって「人間中心の教育」を実践していくことだと思っている。

――――②

このような素質・能力を持った生き物が他の動物とはちがった人間なのである。だからその能力はまさしく「人間力」であり、それを成長させることが教育とも言えるが、これは教育に限定することなく、もう少し広く人生観、生き甲斐の基本にもなるのではなかろうか。過去を思い出しながら、「生きてる限り人間力」との思いを書いたのが次である。五十七歳の時であった。

③

人生の入り口に立っていたあの高校の頃、僕はどんな人生を夢みていたのかなー?デッカイ夢でもないしユニークな生涯を期待していた思い出もない。親父のように、ただ普通のサラリーマンやろな、ぐらいにしか思っていなかった。あの頃は目前の受験しか頭になかった感じだ。しかし、その受験勉強にある種の張り合いを感じていた実感は覚えている。目標となる計画を立て、それを一つ一つクリアーしていく。調子の良い時は、内から湧き出る充実感もあったといえば大げさか。〝受験勉強に充実感なんて⁉〟と言われるかもしれないが、凡人の私にとって事実は事実なのだ。

大学もクラブを中心に楽しい日々であったように思う。その中で『学生に与う』の著者河合栄治郎との出会いは運命的であった。わが人生観に決定的影響を及ぼした思想的初恋の人。それ故か、紆余曲折・波乱万丈(?)の末、高校教師になった。爾来、五校を渡り歩いて35年。石坂洋次郎描くが如き分校を楽しんだ。反戦系生徒との出会い、イデオロギーで固まった教師のいやらしさ、斎藤喜博や福地幸造というすごい先生の存在なども知り、アチコチの民間研究団体に顔を出しては刺激を受け、ささやかながら実践家たらんと意気込んだ。ひょんなことから軟式(ソフト)テニスの顧問となり、その指導にのめり込んだ。教え子の依頼でテレビに出たり、家出した生徒を探しに浜松へ行ったり、50の大台に達した頃、山奥の小さな学校へ転ずるべく退職を公言すれどドタキャンとなったこともある。

自分なりに工夫し実践した授業づくりやテニスの素人監督奮戦記が雑誌に掲載され、素直に嬉しかった。「よっしゃ、又頑張ろう！」。かくて共著ばかりだが、何冊かの本も出版できた。あの頃、自分の書いたものが本屋に出るなんて思いもしなかった。そう思うとラッキーだったし、まあまあ頑張った人生かなとも思う反面、〝それがなんぼのもんや？〟との思いもつのってくる。〝友がみな我よりえらく見ゆる日〟も多々あった。

退職が目前に迫り、〝わが人生こんなものだったのか〟と早々に総括しがちな昨今。〝これから第二の人生やで〟と秘かに策を練る時もある。ただ生きているだけという感じの老人を見ることが増えた。〝ああはなりたくない。生きてる限り張り合いを実感できる人生でありたい〟。張り合いのある人生とは？張り合いのあった時はいつだったか？と振り返ってみる。他人の評価はともかく、自分の目標に向かって己れの力を精一杯使っている時、受験勉強、授業づくり、テニス等々、何でもよい。たとえ乏しく弱々しいものであっても、己れに賦与された人間力を駆使している時だ。その結果が不十分でも失敗でもいい。悔しいけれど心地よい疲労と充実感がある筈だ。時々山へ登る。山野草が好きで詳しい友人が、それらに無頓着な私に聞いた。〝何のため山行くの？〟〝エッ？それはその‥まあ‥あの‥〟。後でつらつら考えるに、結局自分の力をそこそこ使って登頂した快感かなと思う。甲子園球児が感動的で拍手を送りたくなるのは、その人間力をフルに駆使しているからだ。アウトとわかるのに全力疾走する！笑わば笑えだ。躍進する科学技術は人間力―体力のみならず頭脳まで―を使わなくていいように仕向ける。便利・快適・効率の良さで迫ってくるかも知れないが、僕は一寸抵抗を試みてみたい。とはいえ日々押され気味ではあるが、生きてる限り己れの人間力を使って、心地よい疲れといささかの充実感を味わいたいものと願っている。

―――③

第三章　実践のために

(1) 己れを知り、他に学ぶ

教育について様々に定義され主張されるが、結局は前述の言い方でその内容は尽きるのではなかろうか。いかに教育理念・教育観が立派であろうとも、それをどう教育の場で活かすか、が現場教師の切実な思いである。いわば現実的な方法論・技術論である。これを強調すると必ず一部から「教育は技術テクニックではない」という声が出る。さりながら現場の声は「理屈は分かりますが、それをどう実現するのか、具体的に教えて下さい」が多いのである。「それはそれぞれの先生が考えて下さい。学校・生徒の状況はみんな違い、どこでも通じるような方法・技術はあり得ないのですから」と現場をあまり知らない人（一部の研究者など）は言う。確かに一つの方法技術が、そっくりそのままどの学校でも通用するとは言えない。だが多くの学校・先生に通用する方法技術が数多く蓄積されているのも事実である。もちろん相応の修正・応用がなされていることも多いが、その核心的な部分において、それなりの方法が存在する。齋藤喜博氏を追った向山洋一氏の「教育技術法則化運動」があれだけの広がりをもって現場教師に影響を与えていることは素直に認めるべきだろう。

多分私が初めて全国に紹介した「株売買ゲーム」はあっという間に広がった。同じく人間関係づくりのエクササイズ（構成的グループエンカウンター）も、今ではごく普通に行われている。どちらも多くの教師が活用できる具体的な方法論がある。

「学ぶ」は「まねる」から始まるともいう。優れた実践を真似ながらでも、それを修正応用して新たな実践を創造するのも教師の力量である。他者に学ぼうとする気のない教師には創造力も乏しいのではなかろうか。二、三年も教師をしていると、ついつい自己満足しがちである。「まあまあ自分もそこそこの教師やってるよ。大きな失敗もないし、授業も教科外もそれなりにこなしている。他の先生がどうであれ、まあ私はこれでええやろう」。特に大学を出てすぐ教師になった人は、初日から「先生！」である。児童・生徒からは当然、二〇年、三〇年のベテラン先生からも「先生！」である。親のような年代の保護者からも、それ以外の様々な経験豊かな社会人からも「先生！」である。こうした環境が「人を育てる」ことを仕事にしながら「自分を育てる」ことを忘れさせてしまう。「これでいい」と思ったらおしまいである。この弊から脱するためにも他に学ばねばならぬ。まだまだすごい人（教師）がいることを知って己れの未熟さを自覚する謙虚さぐらいは持ちたい。

ノーベル賞級の人でも、オリンピック出場者でも、あのイチロー選手や王選手だって「もう私は十分世界的レベルに達しているのだから、これでよかろう」とは思わない。さらに練習を重ね研究を深めるだろう。ミスユニバースさえ、「もう私は十分美人だから、これでよい」とは思わず、さらにより美しくあろうと精進するだろう。まして我ら市井の凡人が「これでいい」なんて言える筈がない。言ったとしたら単なる自己満足、不遜さ、傲慢さばかりが残ってしまうことになるだろう。

次の文は授業づくり実践への一つの示唆になるかもしれない。

④

「若手教師のための授業上達法―学級経営の視点から―」

授業づくりと学級経営

テーマには「授業上達法」と「学級経営」の二つの柱がある。別々に論じるのでなく、両者を関連づけねばならぬ。授業上達論から学級経営論にいく言説は多い。

たとえば向山洋一編『学級崩壊からの生還』は全編この主張で満たされている。「いい授業をすれば、学級崩壊は脱しうる」というのである。同様の主張は一杯ある。「学級づくりの根幹は授業である」等々。

逆の主張もある。学級経営がうまくいくと、教科の授業の効果が上がるといわれる」（高旗正人）、「自由な雰囲気のある学級経営がよい授業を成り立たせる上で大事なのだ」（今泉博）、「子どもたちをうまくまとめる授業とは、魅力ある学級経営に裏付けられていることが前提となる」（剣持勉）等々。

そして結局は。「授業で学級づくりをし、また学級づくりで授業を支えるのである。両者は一元共存、一体のものなのだという把握がなされるべき」(野口芳宏)でまとめられる。

さて授業力上達につながる学級経営とは何か?曰く「準拠集団にする」「支持的風土の形成」「居場所のある学級」「よき人間(信頼)関係のあるクラス」等々、表現は違うが、内容は同じようなものである。要はそのような学級づくりにどんな視点、手立てがあるのか、何をすればいいのかである。内容の次元は違うが、以下五点述べる。

学級経営5つのポイント

①全国の実践に学べ

本当に悩んでいる人や力不足の初心者は、ひたすら全国の実践に学び追試することだ、本や雑誌サークル等から様々な情報を得て、「オッこれいけそうや」と思ったらやってみることである。数をこなしているうちに、コツが見え出し独自のアイデアも湧いてくる。

②生徒への関心・観察

授業以外の場で生徒への関心・観察を意識的に強めよ。必要ならメモしておく。進んで声かけをする。特に授業中の問題児にさりげなく関わっていけ。「柔道の段はどうして決めるの?」「ギターの値段っていくら位するの?」など、その子の興味・関心あるものに関わって質問すると得意気に教えてくれ、ちょっといい雰囲気が得られる。ほめ言葉が出せればなおよい。「ほめることはない」ということ勿れ。当然のことがなされておればそれをほめる。不適切な問題行動は「当たり前のこと」ができないことである。ならば「当たり前のこと」ができるのは、適切な事、いい事だと考えるのである。遅刻をしなかったこと、給食をたべること、掃除や挨拶をすること等々。ほめる材料は一杯ある。「当然なことが普通に出来る人は名人である。」(有田和正)

③適切な権威関係

やたら馴れ馴れしく、友達的であるのも限度がある。時には毅然として叱り、禁止し、従わせることも必要である。指導者として、教科の専門家として、人生の先達として「ウーン」とうならせる一面がほしい。この力量は教師の幅広く深い教養、人生観に依拠する。これを身につける身近な方法は様々な体験であり、豊かな読書である。時間的にも経済的にも楽でないかもしれない。それでも実践的力量をつけたいなら、頑張れというのみである。

④生徒同士の関係づくり

学級で様々な遊びやイベントを計画し、共に楽しむ機会をもつ。そのためには教師自身に遊び心が必要である。遊べない「まじめな先生」には修行がいる。研究会やサークルでの懇親会から始めてもよい。

構成的グループエンカウンターなどのリレーションづくりもある。それぞれの時期にふさわしいエクササイズがある。やれると思えば、果敢に実践してみる事だ。できれば教師自身も体験しておくのがよい。

係り・当番活動で相互に役だっていることを知らしめる。「○○係りのお蔭で、これが出来た」「楽しかったのも△△たちが頑張ってくれたからやね」など。そんな事が何も言えない係り・当番は廃止すればいい。なお係り・当番がお互いをチェックし合うようなものは要注意である。人間関係にヒビを入れやすい。

⑤教室での集団指導の技法

授業は集団でなされる。たとえ一人一人が学習しているのだといっても、集団の雰囲気に左右される。他の生徒の発言や先生とのやり取りで、個人の学習が深まることもあれば、退屈で学習意欲がそがれることもある。授業上達のためには、教室での集団指導が不可欠である。

その一つにペアーや小集団を活用し、相互啓発、相互尊重を生み出し、学びの共同体を目指している「協同学習」がある。小集団の作り方、話し合いの進め方、聴くこと、発表すること、などの具体的手立てがある。個人思考（学習）と集団思考（学習）の両立もはかる。

授業で使えるこの理念・技法は学級経営で培うことができる。学級で話し合うテーマは、教科学習の枠にしばられることなく、より自由に意見が出しあえる場合が多いからである。（略）

たとえ一部にせよ、これらを身につければ、授業に活かせ、それなりの授業力アップにつながる手応えがある。方法は一つだけではない。

繰り返そう、「全国の実践に学べ、本を読め、失敗を恐れずドンドンやっていけ、それが若手教師だろう！」

次は求められたテーマ「情熱ある授業とは？」の視点から授業づくりを考えたものである。

④

⑤

情熱とは？

「情熱ある授業」―なかなかいい響きである。少なくともマイナスのイメージではない。しかし改めて「情熱ある授業とは？」と聞かれるとハテナ（？）である。

『新潮国語辞典―現代語・古語』には、「情熱＝燃え上がる感情。熱した感情」とある。「燃え上がる」とか「熱した」人間の態度や行動のイメージは、ある対象（目的）に向かってがむしゃらに取り組んでいて、それ以外のことには見向きもしないという趣きがある。そのものだけに全力を注ぎこんでいるから、「集中」しているともいえる。しかもその対象にぴったりとくっついていて、それから離れない。対象と自分との間に隙間《すきま》やゆるみがなく張りつめている感じから、「緊張」しているとも言える。

そこで「情熱ある授業」とは、「集中・緊張＋感情」のある授業としておこう。感情にはプラス・マイナス両面がある。情熱を向ける対象によっては、喜び・充実感となり、不安・恐怖ともなる。

生徒に聞いてみた。「生徒みんなが集中し、授業に参加している」「先生が熱心に生徒のことを考え、気にかけ、わかろうとしている、又わかるまで教えてくれる」「教科書にとらわれず、いろいろな話をしてくれる」「楽しい」授業といった表現が多かったが、特に目立つものはない。「燃える」とか「熱した」とかの感情面を彷彿とさせるイメージはなかったが、次のような反応もあった。「眠さを吹き飛ばすような」「声が大きい」「一生懸命先生が説明している」「やかましいヤツには『うしろで立っとけ!』というような先生」、極めつけは「先生がタオルを頭にまいて、いつも汗だくで、ずっと黒板に字を書いていて、手もチョークで真っ白で、いつも大声あげていて、黒板に向かってどなっている」授業である。

専門家はどう考える?

現場の教師・教育学者の見解はどうか。手元の教育書から「情熱ある授業」を探してみた。「いい授業」「楽しい授業」「活気のある授業」「わかりやすい(わかる)授業」「生き生きした授業」「豊かな授業」「すぐれた授業」「おいしい授業」「魅力ある授業」「ドラマのある授業」等々、プラスイメージの授業はあるが、「情熱ある授業」は見つからない(わが蔵書の少なさかもしれない）。類似したものに「燃える授業」「熱中する（させる）授業」「エキサイティングな授業」があり、「授業に熱気を」という文字があった。これらを手がかりに考えてみよう。

『子どもが燃える授業には法則がある』（明治図書）の著者である向山洋一氏は、子どもが熱中する授業は、活発な授業とも違って、「あることに集中して取り組み、教室の中が心地よい緊張状態になる」と言う。「燃える授業」には心地よい感情があって、決して不安や恐怖の感情ではないのである。厳しい管理で、ピーンと張りつめた緊張感があっても、生徒をビクビクさせる雰囲気では、「情熱ある授業」とは言い難い。向山氏は、子どもが熱中する授業の法則を五つ上げている。第一は、知的好奇心に満ちた授業、第二は、「できない」状態から「できる」状態に挑戦していく授業、第三は、ゲームやパズル、第四は、自分が考え、自分が創り上げていく授業、第五は、やることがはっきりしていて、しかも「全体がわかる」授業。ここで詳細は述べられないが、私は第一の「知的好奇心に満ちたものを、燃える授業の必要条件と考える。

『社会科の活性化―教室に熱気を―』（明治図書）の著者である有田和正氏は、授業に熱気をもたせるためには、「面白い教材で、学習のおもしろさ、楽しさを体験させること」であるとし、そのような楽しい授業は「拮抗のある授業」だという。これは社会科に限ったことではない。有田氏は、子どもの求める楽しい授業を尋ねた結果、「意見が分かれてけんか（言い合い）ができる学習」との答えを多く得ている。「拮抗場面では、子どもたちは全知全能をかたむけて、積極的に取り組み、集団交流も活発になり」知的雰囲気が高まるのである。

『授業をどうする！』（東海大学出版会）（アメリカ・カリフォルニア大学バークレー校の授業改善のためのアイデア集）には、「エキサイティングな授業展開」のために「自分自身の見解と異なる見解について論じる」ことを一例としている。対立する意見を導入する点で、有田氏の拮抗のある授業と通じる。

『いま、授業で困っている人に』（高文研）で山本洋幸氏は「生徒全員を熱中させる授業」として問答法をあげ、それを全体のものにするため、班討議・班競争による授業を展開された。「競争して答える所に大きな楽しみ」もあるが、「異なった意見や説明をぶつけあい、…討論の経過、中でも反対意見や…との関わりの中で理解が深まり、」「学習の喜びや感動が生まれ、授業前進のエネルギーがひそんでいるのではなかろうか」と述べている。

教育学者の吉本均氏も、生徒が熱中する授業づくりには、「対立・分化を引き出す」ような「発問で知的興奮を刺激すること」を主張された。

最後に齋藤喜博氏の論を『教育学のすすめ』（筑摩書房）でみておこう。燃えるとか熱の文字はないが、授業が成立するための基本的条件の第一に、「緊張関係」をあげている。「教師・子ども・教材との関係の中に異質なものを作り出し、それを激しく衝突させ、葛藤を起こさせることによって、新しい思考とか感情とかはつくり出されてくるのである」。そういうことによって

「子どもは学ぶことの喜びを覚え、学ぶために集中し、緊張することを覚えるのである」。

以上の考察から「情熱ある授業とは、拮抗場面を通じて知的好奇心に満ちた授業」としておこう。他者と対立して意見を戦わすことによる拮抗、自分の内面で考えが揺さぶられ、かつての自分と対立し、新しい自分を生み出すための戦いという拮抗である。自分が揺さぶられることは、これまでの自分が崩され否定されることゆえに、その不安・緊張は避けられなくとも、新しい自分が生まれる創造の喜び・感動がある。これまで知らなかった知識をただ与えられるのではなく、相応の拮抗場面を体験して知ることは、それ自体として喜びとなる。自分が真に揺さぶられれば、嫌でも安定を求めて自覚的に調べ、学んでいくことになる。そのような授業こそが「情熱ある授業」になるのではないだろうか。

⑤

例えば以上二つの文に述べている内容と自分の日頃の実践・教師力を比べてみてほしい。「いい教師、いい授業とは？」について己れの考え・意識はどうなのか、それを実践する方法・技術を含めた力量はどうなのか。ほとんどそういう意識がないというのは論外だが、色々考えて、「自分はこれでよい」と思っているなら、余りにも己れに甘く他を知らないということではなかろうか。全国の優れた実践を知れば知るほど、まだまだ至らぬ自分に気付くはずである。気付いたらどうするか。取りあえず学ぶ気持ちを持ってまねることからでも始める。方法・技術だけでなく、「考え」も学び、自分の考えと比較して吟味する。「拮抗場面をつくる」という考えを知れば、どこでそのような場面を作れるかを思案し試行していく。

己れを知り、他に学ぶことから実践力もついてくる。

(2) 記録し、発表する

実践したら記録しておくことを勧める。否、自分への宿題・課題として、少なくとも年に一つか二つは記録しよう。簡単なメモでもよい、どこかで発表するための大きな、一寸構えた実践(記録)でなくてよい。「こんな意図で、こんなことしたら、こんな結果になった」という程度でよい。授業や行事に限らず、「(思いがけず)うまくいったこと」が何一つ思い浮かばないようであればなさけないことである。思わしくない結果になってもよい。その時は、何が足らなかったのか?どこをどうすればよかったのか?と振り返って記録しておく。その時こそ成長のチャンスかも知れない。もちろん機会があれば(見つけて)、発表する経験もしてほしい。小さなサークルでも全国的な研究会でも、思い切ってやってみると、案外続くものである。口頭であれ文章であれ、まず一歩を踏み出すことである。特に発表することを推薦されたり、要望された時は、

「これも運命・縁・チャンス」などと思って引き受けてみよう。初めはついつい腰が引けて辞退しがちだが、思い切って一歩踏み出すことが実践力をつける一歩でもある。

私は授業関係以外にも、発表を要望打診されて取り組んだことがある。たとえば「変わる世界の学校」をまとめるために、タイ、シンガポール、インドネシアの学校事情を、また「新制高校の歩み」を振り返り総括するために「社会科教育」と「特別活動」について調べ、それぞれ執筆し、単行本に入れてもらった。これらはほとんど私には未知の分野でためらい・迷いもあったが、引き受けると懸命に勉強するものである。ある時期には私が「経済授業研究会」を立ち上げ、毎月一回集まって発表し検討し合ったこともある。わずか三、四名の会ではあったが、それだけ発表回数も多く、今から思えば、いい勉強になった。この会が後に教科書執筆などにつながっていった。

人間関係づくりのエクササイズについて、ある小さな勉強会で発表すると、そこに参加していた一人が、別のグループ（研究会）に私を紹介され、そちらでも発表することになった。こうして口頭や文章で発表すると、それがきっかけになって連鎖的にあちこちで発表する機会が与えられ、その都度、勉強も余儀なくされ、結果的に自分が鍛えられていったのである。

高校退職後、何の当てもなかったのに、思いがけず大学教員になれたのも、それまでに発表していたことが大きな要因であったことは間違いなかろうと思える。

第四章　私の学んだ教師（教育）論から

（1）集団主義教育

教師になりたての頃、本屋で教育雑誌を立ち読みしていて、ハタッとその気にさせられたのが「集団主義教育」であった。具体的な手立て・方法論があって、私にも真似できそうな気がした。民主的な主権者を育てるという主張にも共鳴できた。初めて出会った体系的な教育論に思えて、その種の本を読んでいった。その結果、当時考えていたことを教師仲間の同人誌に発表した文を参考にしつつ紹介する。

⑥

活気のないＨＲ・授業・生徒会をどうとらえ、どう展開していくか。生徒集団と教師の関係はどうか。その具体的手立ては何なのか。私なりの考えで、クラスに執行部を作りクラス運営の中心に仕立てようとしたり、別の年にはクラス合宿をしたり、クラス内のソフトボール大会を実施したりしてきたが、いずれも散発的でキチンと目鼻が付いたものではなかった。集団主義教育ではどうとらえるか。

たとえば、授業やHRで常に問題を起こす生徒Aがいたとしよう。このいわゆる問題児Aに教師はどう対処するか?個人的に呼びつけて説教を繰り返すか、保護者召喚でおどすか、懲戒処分できってしまうか、或いは又、途方に暮れて何の手もうたず、諦めきって事実上放任して目をつむってしまうか、あまりにも簡単に政治社会の側に原因を転化し、無責任にも教師の指導を放棄するか、或いは、おどおどしながら頭を下げて泣きおとしていくか。そしてA以外の生徒に彼の悪しき言動が伝染することを恐れ、彼に近寄らないように忠告を与えるかもしれない。他の生徒に悪影響あり、との大義名分で退学させるかも…。Aは退学しても第二、第三のAが出てくる可能性は十分ある。そして前と同じ事が繰り返される。これでは焼け石に水である。然るに集団主義教育では、追求されるのはAの横暴とふしだらを許している周辺の生徒になるのである。Aの横暴さに周辺の生徒集団が立ち上がるようにし向けていく。

級友の長欠・落第等に無関心という状況にも、集団づくりを通して取り組もうとするのである。そのために班を作り核を育て、係り活動を組織させ、一定の仕事を与えながら生徒をゆすぶっていく。生徒の日常生活に転がっている様々な要求を引き出し組織化していく。「不利益には黙っていない」「決めたことは必ず守る」をスローガン的に確認しながら、時には、教師の「教育的演技」又は「挑発」を投げ込み、生徒の力関係をゆすぶっていく。こうした集団づくりをとおして、生徒の中のリーダーを中心に自分たちの集団を自己管理・指導する次元にまで高めようとする。

⑥

もちろん理屈通りに簡単にいく訳ではなかったが、次の赴任校Bで一時期私が取り組んだ教育論であった。しかし、このB校は、特定の党派的主義が支配的で、その派の人でなければダ・メ・教・師と見なされ、違った意見を出すと何かと批判されがちであった。組合や大人の間の問題で済めばよかったが、生徒にまでその立場で臨む姿勢にはついて行けなかった。あるとき、生徒がアタフタと駆けつけて「先生に聞きたい。先生には教育委員会に親戚があって、先生は教育委員会の犬や、とY先生が言ったが本当か?」と言う。驚きあきれ口惜しく悲しくなって答えた「親戚はおろか、親しい人さえいない。僕はこの部屋から一歩も出ないから、気のすむまで調べてくれ」と。生徒は「わかった」と安心して?帰って行った。Y先生はその党派の人物だったが、こんな嘘を生徒にまで言う教師は許せなかった。そんな周囲の雰囲気を気にしながら私の集団主義的教育はしりすぼみとなっていった。私は早々に転勤せねばと思った。

（2）合流教育

僅か三年でB校から転勤したC校では、集団主義的教育が必ずしも有効であるとは思えなかった。新設校ながら進学校といわれているC校では、その考えとやり方に何か違和感がありしっくりいかないのである。色々な意味で現実の高校間格差は大きく、それぞれの学校に応じた柔軟な対応・実践が必要である。

新たに私の関心をとらえたのが、合流教育であった。その出会いと若干の実践が次である。

⑦ 合流教育に出合うまで

これまでに、授業についていろいろ考えさせられ続けてきたが、教師となった当初からそうだったわけでもない。教師生活五年目を迎えたB校で、私は初めて授業のしんどさをなめさせられた。こちらは一生懸命しているのに、まるで関心を示さぬようで、ザワザワガヤガヤと一部生徒の絶えることなき私語。私は心底、何とかせねば…という思いに追い詰められた。手当たり次第、民間の教育サークルに顔を突っ込んだり、実践記録を読みあさった。中でも齋藤喜博氏の授業論には大変感銘を受けた。しかしながら、氏の芸術作品のような実践には憧憬しながらも、私のような力量乏しい人間には、今すぐ取り組むには無理という弱気が先に立った。その点、集団主義教育は、その気になればすぐにでも真似のできる具体的パターンが示されており、とりあえずそこに依拠して三年を過ごした。一時逃れとしか言いようがないが、悪戦苦闘しながらも事態は一応収拾し、ある種の充実感もあった。

所が現在のC校に来てみると、事態は一変し、前のB校で苦労した授業がウソのように思える状況であった。私の授業能力が飛躍的に向上したという訳ではサラサラない。ほとんどの生徒は、行儀よく授業に参加してくれ、少々の私語も一寸注意すればすむことであり、平穏に一時間を終えることができるのである。班を作り核を育て…といった苦労はせずとも、一日一日は無難に過ぎていく。教科の本質、その学問的中身をしっかりやればそれでよし、といったふうである。そんな生徒に恵まれたがために、余計な苦労をせずに、教科内容にだけ打ち込める授業に自己満足さえ感じていた。所がある年、比較的うまくいっていると思えたクラスで感想文を書いてもらうと、愕然とする事実を突き付けられた。「面白くない、しょうもない」「先生が一人でやってるだけ」といった趣旨の感想がいくつもあり、再び重い鉛を胸に抱えている感じの、なんともやりきれない日々となった。行儀よく前を向いて、私語もせずに座っているからといって、授業が上手くいってることにはならない。それは「死んだ授業」なのかもしれないのだ。もっと生き生きした、楽しい授業はできないものかと、私はまたまた悩み始めた。

ちょうどその頃、私の中学校時代の校長先生であった入谷唯一郎氏から合流教育の話をお聞きした。初めは認知的領域と情意的領域の統合とか、ゲシュタルトセラピーとか言われても、教室での具体的場面が浮かばず、よくは分からなかったが、紹介された合流教育の入門書『人間性を培う教育』(G・I・ブラウン編著　金子孫一監訳)の第一章に「第二次大戦後、ハイスクールでのドロップアウト生徒や遅進児の問題、さらに暴力や無気力の劇的なまでのまん延で、従来のやり方では教育が成り立たなくなってきたことを背景に、どうして彼らを救い、教育を成立させるかの研究が着手され、合流教育が生まれてきた」と書かれてあるのを知った。現代の日本でも、このような傾向が確実に日常化してきていることを、日々実感していた私は、思わずここに一つの手がかりがあるかもしれないという直観のようなものを抱いた。それからもしばしば先生宅に出入りしているうちに、合流教育の創案者G・I・ブラウン氏(カリフォルニヤ大学)の定義「合流する教育とは、個人と集団の学習における感情の要素と認知の要素とを統合し、あるいは流れを一にすることを意味する言葉である。─この教育は、人間らしい教育あるいは心理学的教育と呼ばれている」を知り、また合流教育の具体的な実践の手立てもいくつか知るようになり、これなら私もその真似事ぐらい出来るかもしれないと思い始めた。生徒の感情的側面を掘り起し、ともかくも楽しい授業、印象に残る場面を想像しながら、知的な認識をも可能にさせていこうとする方向は、極めて魅力的であった。私の授業のどこでこれを活かしうるかを考え、思い切って公民分野（「倫理社会」）で試みたのが次である。

実践例① この頃どう？

「青年期の特徴」を講義形式でした後、話し合いを計画した。生徒は「話し合いなんて面倒やな〜」という、いささかシラケ気味の反応を示す。話し合いというのが従来、何か堅苦しい、とっつきにくいものであったのかもしれない。ブツブツ言いながらも班を作ると、生徒は何がテーマかを気にする。やおら「きょうのテーマは、『この頃どう？』や」と板書する。「エッ？」「何やてー」「ハハ…なーんや」といった極めてリラックスムードに変わる。

「例えば二年生になってどうや？　このクラスはどうや？　先生や授業のことはどう？」と身近な事柄を示唆しながら、やがて「この頃楽しいことは？嫌なことは？　気になることは？」といったものを入れ、「友人、異性のことは？　優越感や劣等感、孤独などを感じる時は？」等々、授業で講義した事項を加えていく。もちろんこれらすべてをまじめに話しているとは思えない。「もし話が一つのことに集中するならそれでよし、しょうもないことにそれていくならそれもよし、自由に話をしなさい」と言ってある。班長はみんなの発言を適宜メモしておく。冗談めいた中身もあってしばし爆笑。冗談めいた中にもチラチラ本音も出る。中身がくだけたものだけに、人前で発表する経験も気軽にできる。グループになっても楽しくやれるという経験は後日、再度グループをつくってやる時の布石ともなる期待がある。

実践例② 感じて考える

二学期早々に「個人と集団」のテーマを扱う。夏休み明けで、すぐに認知的（cognitive）領域にのみ依拠した授業（こちらが講義して生徒の理解を待つ、という形式）では、生徒もしんどく、実もあがらないだろうと考え、班を作ってする。「一斉に前を向いて個々人が授業している感じと、今こうしてグループの一員となって授業している感じと、どうちがうだろうか？」といった問いかけ自体が、即この学習テーマそのものの導入になる。生徒は先ず感じて、後考えることができる。この「感じて、考える」という導入は、その後の講義形式授業でも、しばしば有効だと思った。たとえば、キリスト教や仏教の学習に臨んで、その感じ・イメージを問いかける。感じ・イメージだから答えに間違いはなく（これはキチンと言って自由な発言を保障しておく）、思いがけない言葉がでて、びっくりしたり、感心したり、大笑いしたりである。仏教に対しては「暗ーい感じ」的なものが多い。「なぜそんな感じがするのやろ？」といった感情次元のやり取りをする。葬式や暗い本堂の奥に安置された仏像などから、仏教思想そのもののイメージが出される。「はたして仏教とはそんなに暗い考えなのだろうか?ちょっと調べてみよう」と誘導して認知的領域の学習へとつないでいく。

実践例③　ファンタジー

次に学習事項にも関連する「家庭における高校生」といったテーマで自由に創作させることを試みた。自由といってもかえって当惑気味の者も出ることを予想し、こちらでいくつかの場面を設定してやる。「さー、みんな小説家になったつもりで、想像を逞《たくま》しくして家庭内の高校生像を書いてみよう。主役の高校生は男?女?　時代はいつ頃?　名前は?どんな性格かな???　その高校生が学校を終え、自宅に着いた頃から物語を始めなさい。…やがて夕食の時間だ。食事中の様子はどうかな?」等、適当な間合いをおいて書く場面を指示していく。「食事が終わった、テレビ見るかな?オヤ電話が鳴ってるぞ…。寝るには早いし、さーどう過ごすかな?…やがて寝る時間、布団に入り、きょう一日を振り返って一言、明日のことを思ってもう一言…」。ニヤニヤしながら筆をすすめる者、じっと天井にらんで又机に向かって書き出す者。それぞれのファンタジーを描いていく。それらを回収し、目を通し（他人への中傷や差別を助長するような文をチェックする）、次の時間に他人の作品を班内で回し読みさせる。読み終わった頃、「ではどんな基準でもいいから班内で最優秀作品を一つ選べ」と指示。ワイワイ言いながら選ぶ。次に選ばれた作品を朗読させる。「できるだけ作者の気持ちを察しながら、上手に読んでやれ」とけしかける。教室中をシーンとさせる作品もあれば、大爆笑を呼ぶ作品もある。「読まれたこの作品の作者は？」と問うと、優秀作品だからテレながらも多くは挙手する（強制はしない）。思いがけない級友の時、「エッ、へー！」というどよめき。（認知的領域での）勉強嫌いのゴンタが優秀作品に選ばれたクラスがあった。私も「へえー、君が⁉ホンマにユニークな発想でおもしろいなー！」とほめる。あのゴンタが少々顔を赤らめ、照れたしぐさがいまだに印象深い。

授業の感想

右の他「トランプ式ＫＪ法」なども入れたわずかな実践であったが、以前とは違った雰囲気を持ち得たことは否定できない。最後に「この一年間の感想」を問うた。直接「倫理社会」授業に関したもの百十一人の中で「楽しかった、興味深かった」などプラス的なものが六六人。「快楽を減少させた」「しんどかった」などマイナス的なもの二〇人、残りはどちらとも言えない二五人であった。その中には「もっとグループ形式をしたかった」「もっと頑張ればよかった」「一度聖書を読んでみたい」といった、私にとっていやな気のしないものがかなりあったし、マイナス的感想の中でも、「いやだった、楽しくなかった」というのは少数で、「倫社」がこんなに難しいとは思わなかった」「倫社は自分に向いてないようである」といったものもあり、前年度の感想に比べるとまあまあと胸をなでおろすことが出来た。

　このように授業で悪戦苦闘しながら合流教育に接することで私自身の教師としての行動力が変わってきたようである。たとえば授業以外の場でも生徒の感情面を意識することが多くなった。叱りつける時でも、喜びを共にする時でも、ジーンと心の奥底まで感情が揺すぶられるような経験を一度でも多く持たせたいと願うようになった。私は軟式（ソフト）テニス部の顧問をしているが、Tという生徒が体の都合でやめねばならなくなった時、わずか数分ではあるが、引退式を計画した。「今まで一緒に汗を流し練習してきた仲間が、一球一球心をこめて打つから、お前もしっかり打ち返せ！」といってネットの向こう側にやり、一人ずつTにボールを打ってやる。最後に今迄ペアーを組んできたNが打つ。思わず私も加わる。その最後のボールを記念に与え、一言二言激励の声をかける。生徒たちにはかなり感動的で涙する者さえいた。青春時代の感傷といえばそれまでだが、少なくともTには忘れがたいひと時であったと思う。

　こうしたことも合流教育を知らなかったらはたして思いついたかどうかあやしい。生徒とは、否人間とは、認知領域と情意的領域をもった存在だというのは、当たり前のことかも知れないが、そのことをハッキリ意識して教育に取り組むことが重要なことではなかろうか。

⑦

（3）人間（関係）づくりのエクササイズ
—グループ・エンカウンターへの道—

合流教育の研究・実践の中で、人間関係づくりのエクササイズに出合う。入谷氏がアメリカの具体的なエクササイズを集めた本を私に紹介され、「翻訳したらどうか？」と言われた。私は英語が専門でもないので迷っている時、ある研究会で縫部義憲氏（当時福山大学）と会った。たまたま同室だったので、いろいろ雑談しているうちに、二人でこの翻訳をしようということになり、入谷氏監修で翻訳も出来上がったが、日本の出版社の都合で不発に終わった。しかし、その出版社は「これをこのまま埋もれさすにはもったい無い」といって、類似のエクササイズを実践して、それを発表したらどうか、といってくれた。それが『教師と生徒の人間づくり　第1集〜第5集』（瀝々社）であった。これを国分康孝氏は、構成的グループエンカウンターのはしりとして評価された。『授業づくりネットワーク』誌の編集代表であった上條晴夫氏も「エンカウンターの源流」と書かれた。当時の我々は「構成的グループエンカウンター」という言葉は知らず（意識になく）、エクササイズとよんでいた。この方法は国分氏による「育てるカウンセリングの勧め」もあって、広範に普及していった。その後、縫部・西谷で翻訳出版したG・A・カスティロ『心と感性を〝育てる〟エクササイズ』（瀝々社）もその一助になったであろう。これらの理論的拠り所は、カウンセリング及び人間性心理学に負うところが多く、そういう分野の勉強を重ねていった。私は、それらによって得られた考えや実践を個人的に「ヒューマニスティック・アプローチ」と呼んだ。その辺りを書いたのが次である。

⑧

人間関係づくりと私

教師としての私にとって切実なことは、「授業づくり」と「人間関係づくり」の方法である。「合流教育」は、人間の知的な面のみならず、情意的な面も生かした教育、すなわち生徒を全体的にとらえた人間中心の教育である。多様な個人差を持ちながらも、一人一人が自己の潜在的な可能性に気づき、それを引き出し成長させ、自己実現的な人間を目指すものである。〝対話〟を中心に多様なエクササイズを通して望ましい自己概念、他者理解、集団認識等をすすめ、よりよい人間関係の形成をはかる。それが又自己の可能性を開花する基盤を提供することにもなる。私はその具体的方法を学び、適当に修正を加えながら私の現場で応用・実践してきた。企業人対象の研修講座「ヒューマンリレーションの持ち方」も五年間担当し、ますます「人間関係づくり」

への関心を深めていった。その方法も、社会的スキル・ライフスキル・ライフセラピー・自己啓発・人間関係訓練などの名で人権教育、国際理解教育等様々な分野で類似のエクササイズ（ワークショップ、ワーク、トレーニング等ともよばれる）が行われている。私はこれらのエクササイズを活用することによって望ましい自己像を形成し、対人関係を好転させ、ひいては自己実現へ向かわせる私なりのすべての考え・手立てを「ヒューマニスティック・アプローチ」と呼ぶ。その理論的・思想的拠り所は、主として人間性心理学である。

難しい人間関係の時代

現代は人間関係が難しい時代であるといわれる。個人的には持って生まれた気質・性格的なものもあるが、総じて人間関係を希薄にさせる社会でもある。機械化・組織化・情報化の進展が便利さ・効率性をもたらした反面、人と人とのつながりを不要にし、「孤独な群衆」を生み出したという分析もさることながら、私は現代社会について、「民主主義」と「多様な機能集団」に留意する。

民主主義は、自由・個人・権利等を尊重する。そこに民主主義の価値もある。しかし、それらは容易に放縦・利己主義・無責任等に転化しやすいから、慎重に受け止め行使しなければならない。法にふれなければ何をしても勝手という風潮、破廉恥・怠惰・不誠実等の言動も個人の自由・権利として擁護されがちで、他人への配慮なしに「私」の都合・利益が優先される。

多様な機能集団の出現は、家族や地域の機能を奪い取り、構成メンバーの関心や態度の差を広げ、共同作業の機会を減少させた。特に少子化・核家族化は、子どもの生育期に多様な人間との接触を不可能にし、隣近所の異年齢集団の中で自然に関係づくりを学ぶという経験も得難くなった。家族は個室をベースに、必要な時、気の向いた時に共通の場に出向く「ホテル家族」の様相を呈しているとも言われる。

まことに現代は人間関係を形成しにくい時代社会である。然るに他人との関わり無しに社会生活を営むことはできない。だが人間関係は苦手である。自分のシナリオ通りにいかないと、すぐ短絡反応を起こしたり引き籠ってしまうケースも少なくない。蓄積されたストレスは、暴力的に発散されたり、心身への病いを引き起こす。多くの人は大衆娯楽などで憂《う》さを晴らすが、人間関係の未熟さが問われる現代人の病理現象は増加の一途である。様々な対人恐怖・家庭内暴力・不登校・出社拒否・とじこもり・心身症・無関心等々。

人間関係の要因

望ましい人間関係とは何か。究極の理想は、カントのいう人格主義を基礎にした在り方かもしれないが、いささか抽象的でもあるので、ここではもう少し現実的な在り方を考える。すなわち、お互いが人間として対等である（立場上の上下関係はある）こと、一方が何らかの恐怖や不安感を強いられることがなく、親しみや信頼感があることなどの状態を想定することができる。

現実の人間関係は、お互いのパーソナリティや自己概念に依存しがちである。個々人の気質・能力・性格・価値観などが総合されて、その人固有の性質を備えた、その人なりの在り様がパーソナリティである。それが違うと、その間にいい人間関係が出来るとは思えないのが通常である。ただし、異質な人との交わりを良しとするパーソナリティなら、その人間関係を維持し発展させようとするだろう。「我以外、皆我が師」と信じている人は、すべての人との縁を大事にするだろう。しかし、対人関係を煩わしく思っているパーソナリティなら、他者との関わりを避け、それなりの在り方を選択するだろう。

自己概念は、現実の自分がどうであれ、「自分が思っている自分」である。マイナス的な自己概念を持っている人は、対人関係も消極的になるだろう。

したがって、望ましい人間関係を形成するためには、この二者に働きかけ、その変容をはかることが大切になる。その働きかけ（リレーションづくり）として、カウンセリングマインドを身につけること。多様な人間を実感的に理解すること。コミュニケーションスキルを高めることの三つを重視したい。

関係づくりの要因とエクササイズ

＊カウンセリングマインド：これはカウンセリングの理論・方法を拠り所にして、その考え方や技法を活用しようとする心構えや態度である。カウンセリングは、二〇世紀の初頭、アメリカの学校で職業進路指導に関する専任相談員をおいたことから始まった。その後、多様化・複雑化する社会の進展の中で、対人関係に悩み、社会的な不適応をあらわす人々が増えた。そうした人々に対し、主に心理学的な側面から面接等を通して適応の援助をすることがカウンセリングとよばれるようになったが、現在では健康な人への進路や適性判断等の使用も含めて、もっと広範囲の心理指導の方法を指すようになり、心理療法なども同義で用いられることもある。又ホーソン実験などを通して、企業・職場などの人間関係改善による活性化の方法としても注目を浴びた。

カウンセリングの中心的技法は、言葉による交流であるが、心理テストや遊戯療法、音楽や動物を媒介にした方法なども開発されている。元来は一対一の面接形式による個人カウンセリングであったが、今は数人及びそれ以上のメンバーで行うグループカウンセリングもある。

カウンセリングにもいくつかの流派があるが、その基本的態度（これも技法の一つと考える）として傾聴・受容・共感的理解がある。「受容」は、相手をありのままに無条件に受け入れ、しかも相手の可能性を尊重し、肯定的な関心をもつこと。「共感的理解」は「相手の感情に巻き込まれないで、相手の内的世界をあたかも自分自身のものであるかのように理解していくこと」（畠瀬稔）である。これらは簡単なようであるが、教師はついつい多く話したがり、説教・説得的になり、自分の思い・考えを押しつけがちである。心して学び、この態度を身につけねばならない。

カウンセリングは、感情を交えた交流を大切にするから、感覚覚醒・感情表現・価値観等に関連したエクササイズなどを活用しながらカウンセリングマインドにアプローチする。

＊多様な人間理解：ここでは「多様な人間が存在すること」と「一人の人間に多様な面があること」の両方を実感的に理解することである。そのことが多様な人間の受容を可能にする。我々は、ともすれば自分が理解しがたい、異質な人間を無視し排除しがちである。多様な人間存在や価値観の違いを実感させる心理テストやエクササイズがある。共同作業や討論をして、他者からのフィードバックをもらい、見えなかった自己に気づく。自己概念が揺らぎ再構成される。人間理解にもいくつかの視点がある。主に自己理解を深めるもの、他者理解に有効なもの、集団の中の自他理解をすすめるものなど。しかし、多くのエクササイズは運用の仕方でいずれの視点をも与えるものである。

＊コミュニケーションスキル：ここでは言語によるコミュニケーションを対象とする。望まし

い人間関係は望ましいコミュニケーションと不可分である。それについて経験的にいえることは、相手に耳を傾けること（傾聴）の肝要さを多くの人が知っている。傾聴スキルの向上には、あいずち・うなずき・感情や共感の言葉等を使ったエクササイズがある。リラックスして気持ちよく会話をはずませるエクササイズもある。また相手の人権を尊重し傷つけないで、自分の思いを主張するアサーショントレーニングも含め、効果的なスピーチの力量を高めるエクササイズもある。話し合い等では、自由な発想・連想を促進するためブレーンストーミングを随時入れたりもする。

　なおすべてのエクササイズに先立って、緊張をとり自己表現を容易にするため、いくつかの体ほぐしをすることがある。肩や背中をパタパタたたいたり、音楽にのって自由に歩き回ったり、自律訓練法的なことも有効である。

　また現実のリレーション（関係）づくりには、表情・視線・態度・動作・服装・対人距離・位置など、非言語の要素があることも忘れてはなるまい。

⑧

（4）生き生きとした教育

入谷氏に誘われて山口大学付属光中学校に行った。ここで合流教育の現場での実践を見ることができ、その研究・指導者河津雄介氏（当時山口大学）に出会った。河津氏はその後東京・名古屋へ移られ「百芳教育研究所」を創設し、「百芳塾」で教師研修に力を尽くされた。そこで目指されたものは「生き生きとした教師による、生き生きとした授業」で「一人一人の個性の『かおり』を十分に伸ばし育てる教育」であった。ここでの百芳教育研修講座全十講を終えて学んだことを述べる。私には、「ああ、こんな見方もあるのか、こんな力量も持てた方がいいのだな」と新たな視点を提供して貰えた実感がある。

⑨ 研修講座と私

第一講：「生き生き再考」の小見出しがある。そこに「たとえば焦点の合わない目つき、ぽかんとした表情、だらんとした姿勢をしている子どもも、場合によっては『生き生きしているとみなされうる』と書いてある。その時は「エッ?そんな…」という疑義の念しかもてなかった。授業中の生徒には三つのタイプがある。授業に集中している（かの如き）生徒、していない生徒、どちらとも言えない生徒である。集中してくれない生徒は不愉快であり、困惑もし苦々しくも思える。であるのに、この文は「?」と思いつつその後を読んだ。なるほどそういうこともあるかと頭で納得はしたものの、第一印象の疑義はぬぐいきれなかった。ワークブックをやってゲシュタルトを学ぶ。私の目に耳にストレートに飛び込んでくる生徒の言動は「図」なのだ。その言動だけに直接反応するだけでなく、その言動を生み出している背景（「地」）、というか「図」以外の在り様（表情・態度等も）はどうか?そんなことを意識するようになった。授業中の問題児をも無視することなく、その態度ゆえにすぐ注意し、怒るということが減ってきた。注意し怒る前に、「この子の地は?」「何か事情があるのかな」と一瞬でも考える癖がついてきた。この一瞬の間が生徒との関係づくりにプラスの効果をもたらしてくるようだ。生徒と私との間柄はソフトになり、お互い防衛的な姿勢や構えがおだやかになり溶けていく感じである。ある時、問題児が「先生、寝てもええか」と開口一番大きな声で言った。従来なら「アカン!何言うてんや」と押さえるところである。しかしその時、一瞬の間をおいて出てきた言葉は「そやな、授業が終わってから寝てもええで」だった。生徒の顔はほころんだ。「あ、やられた」という感じで反論もなく、珍しくその時間は起きていてくれた。

「授業が流れている瞬間瞬間に子どもたちが『今、ここで』生命を躍動させていることが、教育効果の原点となるべきである」と教材にある。然り、生命を躍動させるところまで行かずとも、せめて一時間一時間生徒がのってくれる授業、「あー確かに今、ここで生徒は考えているな」「あー分かったんやな」といった実感をもてる授業でありたい。「教育の効果なんてすぐでるものではない。長い目で見ればいいのだ。卒業して五年、十年たち、人生のどこかで役にたてばよい」ともいう。それも事実だろう。授業や試みがうまくいかない時、ついついこうした考えで自分を慰める。しかし、それは私にとっては「逃げ」の姿勢かもしれない。齋藤喜博氏はいう「教育という仕事は地味な仕事であり、はかない仕事である。教育はいわば瞬間的な芸術である。目の前にいる子どもたちを、その時々の瞬間瞬間に美しくし可能性を引き出し変革していけばそれでよい仕事である」。未熟な私にとっては辛いところであるが、この教材の一文を心に留め堅持していきたいものと考えている。

第二講：「子どもの発達段階に応じた発達課題がある」ということを改めて意識させられた。たとえば小学校などでは、先生が質問すれば子どもは手をあげて答えてくれるし、グループで話し合ってみなさいと言えば、そうしてくれることが多い。所が高校生レベルになるとそうはいかない。もちろん発問のまずさや授業者の力量不足もあるが、高校生の発達段階に特有のものがある。「肯定できるしっかりしたアイデンティティ」が確立していない段階にある彼らが、いつもいつも自分の意見・感情を表明出来るわけではない。むしろ表明したがらないといってもよい。(日記を考えればわかる。小学生は積極的に見せてくれる子が多いが、高校生になると、時には死んでもみせてくれない)。他者に表明する前に、自己のアイデンティティ確立がこの年代の課題なのである。こうしたことは頭でわかっていても、「手をあげてくれない、意見を言ってくれない」とめげる気持ちが多かった。今にして思えば「ないものねだり」であったかもしれない。しかし第二講を肝に銘ずることによって、この「めげる気持ち」から少しは脱却できた。さらに同じ高校生でも、一人一人発達段階があるという当然のことをはっきり意識し出した。その意識した違いを前提に、一人一人の子に寄り添っていくという姿勢を培ってこれたような気もしている。

ここの課題で「高校生の自分を掘り起こす」ことをした。自分の高校生時代を意識的に思いだし、その一コマを絵に描き、その時の気持ちを書いてみるのである。　私の高校時代を意識的に思い起こすことは、それ以後も時々するようになった。年賀状を先生に出したら、思いがけず返事をもらった。印刷文の横に「頑張って下さい」とありきたりの一文がペンで添えられていた。それは当時の私にはとても嬉しかったことが思い出された。それがあってか、生徒には必ず、生徒以外の人にも出来るだけ肉筆の一言を入れようと決意を新たにしたことがある。

第三講：「イメージが授業を生き生きさせる」という。連想詩の作り方では「深く考えず、言葉を見たとたんにパッと浮かんだ、思いついた言葉をどんどん記入することが肝心」とある。私は詩ではないが、あるテーマについて連想させることがしばしばある。経済・社会主義・仏教・インドなどの言葉から連想すること、思ったことを次々に言わせる。連想だから不正解はない。ちょっと的外れに思えてドッと笑いが来ることもある。だが私は、その子の連想を認め肯定し「ユニークな連想、イメージやな」と持ち上げる。これは一つの導入方法として実行しているので、教材そのものへの深いイメージではないかも知れないが、教材に対する生徒の接近を容易にする効果がある。

ここの課題で「植物の精査」「植物になる」をした。これは新鮮な経験であった。通常、対象を知るには視覚を通して観察したものが多いが、ここでは一枚の葉っぱ、一本のボールペン等を聴覚・嗅覚・味覚・触覚をすべて動員しての観察—文字通り「精査」する。「植物になる」では、葉っぱの中に入っていく自分をイメージした。「そのものになってみる。そのものの中に入ってみる」という経験は珍しかった。「生徒（の立場）になって」対応するということが意識され訓練される。

第四講：ここには「いろどり」「繰り返し」「性格づけ」などがある。「いろどり」は色や音を効果的に用いて美的感情の動きを促す。学習活動を美しく彩《いろど》ることである。ノートに色文字を使ったり、「美しい朗読や群読の響きが子どもの心に感動を呼び、語り口を時には壮麗に、時には軽妙に、そして時には悲壮にと美しく変化させることが物語を聞く子どもの心を揺さぶる」。私は白地図を塗らせたり、グラフを作る作業に応用したことがある。「繰り返し」は、「習慣的行為が、子どもの共感を呼び起こすような形で繰り返されていると、子どもの無意識の世界に眠っている意志を呼び覚ますようになり、学習活動に生気がみなぎってくる」という考えである。生徒の共感を伴う習慣的行為は、なかなか難しいが、私はぜひ心に留めておいてほしい事やキーワードを繰り返す。公民科「現代社会」は、「人間としての在り方、生き方を考える」ことを基調にしているので、「生きる」をキーワードとして全体を構成した。第一章「自分を生きる」、第二章「現代社会を生きる」、以下「地球に生きる」「人間らしく生きる」「平和に生きる」「豊かに生きる」「みんなと生きる」「より良く生きる」の如しである。後半になると「今度は何に生きるんや?」との声がかかる。繰り返される授業開始時の挨拶や授業中のルール等も、もちろん心をこめて行い、心地よい感情を呼び覚ますことを心掛けておきたい。「性格づけ」は、人間の性格が様々であるように、教材(の性格・在り様)を様々な面から見つめ描いて提示する。それが様々な生徒に対して教材との接点を多く準備することになる。たとえば「燃える、炎」の学習でたき火をしてみる、ろうそくの炎を描く、詩を読み書いてみるなどのヒントを河津氏はあげている。この多面的な見方は生徒を見る時にも大切な視点である。かつて定期考査の裏に「詩」の如きを書いていた子がいた。私は、この子にそんな一面があったのかと気づき、赤ペンで「なかなか味があって面白い。他にも書いているのがあれば見せてほしい」と書き添えた。後日、恥ずかしそうに遠慮がちにではあるが、ノートを持ってきた。これをワープロで打ちホッチキスで留め、書道の先生に表紙を書いてもらって、その子の「詩集」もどきを作成して返却した。彼女がビックリして喜んだことは言うまでもない。

第五講：ここの解説に「意外に多くの教師が自分の発声、発話に無関心です」とあり、「あっ」と思った。そういえばそうだ。時々声がつぶれたり、風邪気味の時、「これでは生徒も聞きづらいやろうな」と思うぐらいであった。私はこれを機に、横にそれるかも知れないが「話し方」に関心がでてきた。教師にとって「話す」ことは大きな比重を占めている。教師は喋ることに慣れているから「話すことが上手」と思われがちである。しかし一度だって「話し方」の教育を受けたこともなければ、注意されたこともない教師が多いのではなかろうか。私は研修講座が終わってからもこのことが気になっていた。そしてついにある日カルチャーセンターの「話し方上達法」に三か月通い、さらに「話し方」の本も何冊か読んだ。「上手な話し手」は「上手な聞き手」でもあると多くの本に書いてある。生徒の言うことを上手に聞き、会話をはずませることを学んだ。話者（教師）がどれだけ実感をもって話題（教材）を消化しているかがポイントであるようだ。教師が教材にどれだけの実感を持てるかどうかは、一つの力量であろう。

「青葉の笛」を使った研修はユニークであった。これは音（楽）による「学習のいろどり」であるとともに、自分の発声に目を向けるものだった。解説された情景を思い浮かべながら歌詞を朗読し、繰り返し体の中からのびのびと声を出すようにしているうちに、確かに心地よく楽しい実感もあった。教師自身の内部にある音楽的要素に息をふきかえさせる試みである。芸術面に鈍感な私は、すぐに音楽的要素が息をふきかえすわけではなかったが、音楽を入れた授業を意識し出した。「コーラン」の朗詠を聞かせたり、青年期の単元で尾崎豊の曲を使って、相応の関心を持たすことが出来た。また研修教材に「価値明確化」という手だてを使った働きかけが紹介されている。「ああ、自分はこんな考え方、感じ方をする人間なんだなあ」と自分自身を見つめる機会を与えることは、私の授業の基調である。それらを自由に書かせる手だても模索している。「私のＣＭ」づくり・授業カード・ワークシート・ノートの「私」欄など。生徒が「エッ？」と思い、「ハッ！」とし、「ウーン!?」となるような教材や発問を用意したい。それらは生徒の内面に働きかけ、価値観や感じ方の吟味を迫るに違いない。

第六講：「子どもは発達段階に応じた固有の飢えを刺激され、満たされた時に生き生きと躍動する」。然りであろう。認識の仕方もそれぞれの段階で微妙に異なる。幼児期は、自分の体が対象と一体化しての認識、少年期は、心の感動・直観による認識、青年期は、頭による知的認識といった傾向があることを踏まえての働きかけでなくてはならない。「ファンタジー」や「いろどり」といっても、小学生から高校生まで、あるいは単元やテーマによってはできないことも多々あるのではないか、といった気持ちが強かった。しかしここで私が強く思い知らされたのは、たとえ実践できなくても、「出来るかも知れないアイデア」を生み出す力をつけたいということであった。やがてこの意識は「教材と子どもの接点を見出す」という大ざっぱなものに発展的（？）に解消していった。どうすればこの教材・働きかけが、子どもにとって面白く、とっつきやすく、価値あるモノになるだろうか、あるいは子どもにとって面白く価値ある教材は何かという問題意識になり、そういう「ネタ」を求めてあちこち探し回ることになった。

「教材と子どもの接点」から「生徒と私の接点」も考えることになる。相性のあわない、やりにくい生徒も何人かはいる。こうした生徒との接点を見出す力も教師には必要であると思われる。これが私の「教師と生徒の人間関係・ふれあいづくり」への関心につながっているのである。

第七講：教師に求められる力量A「生き生きとした心象を描く力」についてである。それは「教材を豊かなイメージに浸して子どもに渡すことで、子どもの中に教材についての生気あふれるイメージを描かせる」ことができる、と説かれる。長年教師を続け同じ教材を教えていると、同じような授業ですますことが多い。「見慣れた物（教材）を深く意識することもなく、いわば習慣的に取扱い、処理していくことで、日常生活（授業）は流れていく」のである。そんな授業をした後は、何とも空しい。授業に向かう気持ちにも張りがない。面白そうなネタも品切れである。そんな時、「教材井泉ボーリング」（教材に対する自分の井戸を掘る）を思い考える。考えたからとて、いつもいつも満たされる訳ではないが、新しい試みを知らされることはある。外にばかりネタを求めていたのが、内にも向いた感じである。「植物の精査」（第三講）をした時のように、見慣れた教材をもう一度見つめる。目を閉じてイメージする。話す言葉を吟味する。その繰り返し。外（から）と内（から）のシャトリング、知と感性のシャトリング。初めて取り組んだ時はどうしてもできず、ついに研修講座断念を申し出た。しかし河津先生の励ましを受けて再開。悪戦苦闘の末やっと作った「高度経済成長期の折れ線グラフ」をほめて頂いた。それだけに印象強く残っている研修の一つだった。教材に限らず色々なものの中に入っていくというイメージは、今でも無意識のうちにやってしまう。朝、目が覚めても布団から出ないで、しばらくの間イメージを描くことが多い。扱う教材に対し、それなりの実感をもってイメージできる場合の手応えは心地良いものである。私は毎年、三億円事件を取り上げるが、私なりの「シャトリングもどき」をすることによって一定の実感をもって取り組み話すことができ、生徒の反応もよい。

第八講：力量B「子どもが自分の独自性を反映させながら教材に積極的にとりくむよう促す力量」についてである。ここで「促す」というのは、「子どもが心に着せている鎧を脱いで、自分のありのままの気持ちを素直に行動へと表現するよう〝心を開く〟ということ」である。学級に受容的・支持的な風土が醸成されていることは、その内容の一つである。学級の雰囲気づくりには担任や授業担当者の在り方・力量が強い影響を与えるであろう。その取り組みの一つの方法としては、カウンセリングマインドを基調に、グループエンカウンター的なもの、楽しく実のあるクラス行事などが考えられる。しかし担任や授業者の在り方は、多くの場合その教師の人柄的な要素が強く、力量とはいえないのではないかとも思われる。もって生まれた人柄的なものだとすれば、力量Bを培う術《すべ》はあるのだろうか。人柄が「生まれつきの気質とこれまでの人生体験とが、相互作用しあい溶け合って形づくられた学習成果」とすれば、力量Bの形成訓練は、人生修業的な色合いを持った学習過程ともいうことが出来る。特に社会科の授業づくりで顕著な成果をあげられた有田和正氏は、かつて子どもに「暗い」と言われ落ち込み、懸命な努力をされて「明るく楽しい」先生（人柄）に変身されたのである。ともかく力量Bは人間的な心的能力であり、いわば「心を磨く」といった自己訓練で高められるというのである。「一人静かに自己に沈潜する時間を設け、印象に残っていることをじっくり回想する」と教材にある。私は椅子にゆったり座り、印象に残っていることをあれこれ回想する。実際は「回想に浸る」というより、時には「くどくど同じことを考えたり、空想したりする」という感じかもしれない。あまりにもマイナス的な回想で気が滅入ったり、あらぬ空想が続く時は、講座のワークブックでした「アナウンサーの立場」になってその様子を実況する方法を知った。しかし研修の時のようにテープにとって聞き返すことはしないので、いつの間にか消えてしまったが、第三者の立場に立ってみようとする時、「アナウンサーになって実況せよ」を思い出す。さらに「回想活動を想《おもい》のおもむくままに自由に任せよ」とある。言われなくても私の回想はあちこちに拡散しがちで、もう少し焦点を絞らねば、と自戒することが多かった。そして「ああ、こんな欲求・気持・思いに駆られて動いていたんだな」という経験はしばしばあり、しかもそれが同じことの繰り返しになると、かえって落ち込んだ気分になったりもする。しかしその気付きを洞察としてある。とするとこれも力量アップにつながると考えてもいいのだろうか。

第九講・第十講：これまでやってきた研修の相互関係や教育的意義である。力量Bの訓練に、教師が自分の人生体験の中に埋没させている自分の「幼児」「少年」「青年」を掘り起こすことがある。「青年としての自分を生き生きとした実感をもって追体験」し、「その体験を通して他者との人間性共有の実態について洞察をえる時、基本的力量Bが高まる」とある。ここから敷衍《ふえん》して考えられることは、自分の過去の掘り起しに限らず、他人の過去（青年期）でも有効なのではないか、ということである。私の場合は、現代高校生の手記、高校生を扱ったフィクション、ノンフィクション、教師の書いた実践記録なども、多くしっかり読むことによって類似的な追体験ができる。そうしたことも私には役立っている感じがするし、必要だとも思っている。その過程で私自身の青年期（高校生）の一コマを思い出し、顕在化させることもある。たとえば生徒会活動に取り組んだ高校生の物語・実践録を読んだ時は、私自身は如何であったかを振り返るきっかけになった。「僕は生徒会活動にはノータッチやったな」と思い込んでいたのに、よくよく回想してみれば、何かの委員に選ばれて（順番か、くじ引きかも）、生徒の声を聞く投書箱のような設置を提言したことを思い出した。それは自我の目覚めによって、自分の考えや感じたことを（匿名ででも）誰かに知ってほしいという自己表現欲の表れであったように思える。

⑨

正直な所、必ずしも研修講座の内容をきちんと理解し把握できていたとは思えず、的外れな反応もいくつかあったと思う。それでも生徒へ働きかける様々な視点・方法を知り、身につける練習をしたことは決してムダではなかった。

こうした研修を受ける一方、あちこちのサークルや実践家に学びながら、そして試行錯誤しながら、私なりの授業づくりに取り組んでいった。そのいくつかを紹介する。

⑩

生き生きとした授業を（実践例）

「生き生きとした授業」はすべての教師が望む所であろう。死んだ授業、眠り込んだ授業から少しでも脱却したいと願う。生徒が私の話に耳を傾け「なるほどなるほど」とうなずいてくれる時、「いや、そんな筈はない、私は反対だ」と反発してくれる時、提示された教材にハッとし、エッと思い、好感を寄せたり不安を持ったり、また自由に連想しイメージをふくらませ、関心を持ち続けてくれる時、暗黙のうちに形成されてきた自分の見方や考え方（価値観）が揺さぶられ、自己の内面に動揺をきたしつつも、「今ここ」での自分を見つめる時…、そんな時は決して生徒は死んでいないし、眠りこんではいない。このような場面を一つでも多く作りたいと思って試みたものが次である。

(a)「現代の若者像」について生徒に問いかけてみるが、なかなか反応が無い。気楽に思いつくまでよいからと言っても「別に…」とか「わかりません」で済まそうとする。そこで小紙片を配って、「親か祖父母になったつもりで、あるいは大人の立場で『この頃の若いもん（人）は…』の続きを書きなさい」と指示する。書き終わったら回収し、ゴチャ混ぜにして無作為に配布する。読み終わったら次の人に回す。現代の若者像が浮かび上がる。批判的な声が多いので、「現代若者のいい点は何だろう?」と問いかけてみる。又男（女）の子になったつもりで「この頃の女（男）は…」と書かせてみる。多くの生徒は興味深くこれをし、爆笑もある。

(b)性格テストなどやって、自分を見つめる。ただし一回だけの結果に傷つく者もいる危険があるので注意が必要。

(c)自分のコマーシャルを作ってみる。自分を肯定的にみる。その他「さいころトーキング、」「価値の序列」などのエクササイズも使える。

(d)『ぼくはくまのままでいたかったのに』(イエルク・シュタイナー(文)、イエルク・ミュラー(絵)(ほるぷ出版)のスライドを見て「本来の自分とは?」「自分を見失うとは?」を考える。

(e)「強制選択による自己理解」。これは「なんで(こいつが)ここにいるの」「四つの言葉」などともいわれるエクササイズ。四つの言葉(例、外向的・良心的・創造的・従順)を四か所に貼り、「今の自分にぴったりするか、何となく惹かれるか、ぴったりしないが敢えて選ぶとすれば、とか理由は何でもよい、直観的なものでもよいから一つの言葉を選んでそこへ行きなさい。人と相談せず黙って自分で選びなさい」。集まり終わったら、「集まった級友を見てどう思う? 意外に思う人はいる? なぜこの言葉を選んだか一寸話しあってみて! 他の言葉に集まった人たちはどう?」等の指示。5回ほどする。中には迷ってなかなか決め難い生徒もいる。そんな生徒を真ん中に残し、下を向かせ、残りの者に問いかけて、黙って挙手させる。「このA君はどの言葉を選ぶと思うか?(一つの言葉を指差して)ここだと思う人は?」「はい○○人だね」「A君はこっちだと思う人は?」「はい△△人ね「いやA君はこの言葉だと思う人は?」と聞き終えてからA君に動いてもらう。一番挙手の少なかった言葉に行った時は、「えーっ、おおー」のどよめき。自分の思いと他者の見る目の違いにビックリする。

(f)平和学習。世界の白地図を配布し、第二次大戦後、戦争・内戦・内乱等のあった国を塗りつぶしていく(資料は『クラウゼビッツの暗号文』)。塗り終わって、いかに戦争のない国が少なかったかを知って驚く。日本もその一国でありえたのはなぜだろうか、を考える。

(g)経済学習での「株売買ゲーム」。株式欄の見方を簡単に教え、仮に各自500万円を資金として、株を買って見る。「どの銘柄（株）をいくら買うかを決めて提出させる。約一か月後の日を決めて売ることにする。「税・手数料等は無しとする、誰が一番もうけるだろうか？逆に一番損する人は誰か？」。「上がったり下がったりした時は、何が影響したのか？　見出しだけでもいいから政治経済欄を見てごらん。自然災害、でかいイベントなども影響するかも…」。教材が珍しかったせいもあるが、かなりの生徒が興味関心を持ち、面白く楽しんだ。経済がちょっと身近になる。

(h)人権学習で、「カエルの子はカエルか？」の発問から始めて「人間らしいとは何か」を考えた後、カルタ形式のゲームで「差別か区別か」を話し合い議論する。

★その他、自作の「ディレンマ問題」や「アリバイ探し」、各種エクササイズ等がある。

力量乏しき私には、なかなか独創的な実践が生まれないが、それでも何とかして単調な授業にならぬよう、あちこちに学びながら、一つでも工夫をこらし、生徒も私も生き生きとして授業に臨めるよう頑張っていきたいものと思っている。

⑩

これらの中で特に各種エクササイズは、私の社会科授業だけでなく、小中学校での総合的学習、道徳、HR（学活）などでも活用できるだろう。

（5）協同教育（学習）

大学に転職してから学んだのが協同教育であった。そのきっかけは、「全国個を生かし集団を育てる学習研究協議会」（個集研）熊本大会に参加した時、懇親会で杉江修治氏（中京大学）に会って、協同教育の話を聞いたことである。日本協同教育学会ワークショップでの教材によれば、「協同教育とは、互いに学び合い、高まり合う人間関係に基づく教育の総称であり、教え手も学び手も互いに協力して、学びを成就しようとする試みを言います。そして、協同教育実現の中核的学習指導法として、協同学習を位置づけています」。その学習観は、「学習は個人の営み（勉強は本来、自分独りでやるもの）」であるとともに「社会的営み（教え合うことで確かなものになる、本当に身につく）」であると考える。そして次の四条件を満たすグループ学習を協同学習と定義している。すなわち「★互恵的相互依存関係が成立している。★学習目標の達成とグループの成功に対する学習者自身の責任が明確になっている。★促進的相互交流の機会が保障され、実際に相互交流が活発に行われている。★協同の体験的理解が促進されている」。一つ一つの説明は省くが、これまで私のしてきたことや考えにすごく類似している感じがして、すぐその学習を学び始めた。具体的な手立てもあり、カウンセリングマインドも基調にある。新たに気付かされたのが、「個人思考と集団思考」および「個人の責任」ということであった。単なるグループ学習では、皆での話し合いになると、一人一人の感じ方や考えが埋没してしまいがちだが、ここでは必ず個人の思考もいれるのである。ともすればグループの雰囲気や発言力の強い生徒の意見に流されやすく、一言の発言もなく、何もしないで済ます傍観者的な生徒もでてくる。いわゆる「ただ乗り」である。これを無くすために、全員に役割を与え、グループ内での責任を自覚させるのである。

短期間であったが、協同学習で学んだことを念頭に置きつつ、大学で実践した一コマを紹介する。当然ながら小・中・高校では、テーマや進め方を変えたりして応用可能で、そのヒントにはなるであろう。

⑪「協同学習への試み」

1．動機、目標：

（1）授業は生身の人間同士がぶつかり合う場であってほしい。テレビやラジオで流されるような一方的な講義でなく、相互交流する場でありたい。先生からだけ学ぶのではなく、学生同士が啓発しあえ、先生も学生から刺激を受ける。そこに「学びの共同体」が存在する。当然ハプニングも起こり、予定通りにいかぬ時もある。臨機応変の対応、思いがけない学びの機会が生まれる。

（2）授業は、個人と集団が生きる場であってほしい。まず個々人が考え、感じ、想像することが大切。しかし他者の考え・感じ・想像に触れることで、個々人の学習はさらに広がり深まると考える。

（3）授業で学生の満足感を少しでも増やしたい。議論に参加し、役割を担うこと等で学生の出番をつくり、授業参加の実感を与えたい。

2．留意点

（1）小集団の規模：二人のペアーバズ以外は3～5人で、4人が最適である。6人は発言機会・時間が不足したり、ただ乗り・人任せになりうるリスクがある。座席はお互いの顔が見える（アイコンタクトがとれる）位置にする。又できるだけ隣のグループと話し声が聞こえぬ距離が望ましい。

（2）話し合いの進め方：まず班長（司会役）を決める。決め方は出席番号・誕生日の近い人・学校と家の距離の長短など、全員が気楽に話せるものがよい。初対面でも少し空気が和らぐ。次に必要なら記録・発表・タイマー（時間を見る）等の役を決める。次に班長になすべきことを伝える。口火を切る人、次に発言する人を促す方法など。（場合によっては、発言をパスできることもあり）。班で話し合ったことを全体に報告（発表）させ、それを聞いた他班からの意見・コメントを求める。その為には他者（班）の発言をしっかり聴くこと、要領よくまとめることなども指導する。なお前提としてクラスに支持的・肯定的風土があり、話し合いの雰囲気があるかどうか、これは日頃の教師の人柄・指導なども影響している。それには各種エクササイズやグループエンカウンターなども活用したい。

（3）話し合いのテーマ：学生の力量や時期にもよるが、初期・初心者には具体的なテーマで「賛成か反対か、AかBか」などの選択肢があるもの、あるいは「各自の考えを3つ、4つ出しなさい」式のものがとっつきやすい。できれば各自の結論とその理由付けを述べさせたい。

（4）個人と集団：「ただ乗り」を出さないために、グループでの話し合いに先立って個人学習を指示すること、司会者には全員発言の機会を与える方法を指示すること。
（5）学生の納得：「なんでこんなことするのか」を語り、納得してもらうことが必要である。グループ学習の目標や協同教育の意義を分かりやすくタイミングよく話す。コミュニケーション力や人間関係づくり力（相互理解、人前で話す、人の言を聞く、要領よくまとめて発言する等）形成にも触れる。特に初めての時は、グループ学習・話し合いが楽しく、良かったという印象・経験をもたせたい。

3. 実践例

（1）授業は「地歴科教育法」：移動可能な個人机。20～30人の授業。いつもは前向きに並んでいるが、奇数列を後ろに向かせ、机を寄せればよい。モタモタしている時は、教師が近寄って「この4人、そちらの4人、君がここへ来てここだけ5人で…」と指示して班を作る。
テーマは高校（中学）歴史教科書（コピー）を使っての教材研究。内容は、教科書本文の理解、要約（板書）、発問、副教材の検討である。

まず個々人で教科書を読み、語句・文意を吟味する。次にグループになって、分からない、不明確な語句・文意を出し合って教え合う。グループでもわからない時は、他のグループに聞いたり（出張バズ）、全体に出す。場合によっては教師が個別に教えて済ます時もある。次に各自で要約し「板書」を考える。それを再度グループで見せ合って検討する。一番よさそうな人の板書を基に、みんなで修正して班での板書を完成させていく。2〜3の班を指名して実際に板書させ、全体で検討しコメントする。

次に発問を考える。個々人で3〜4つの発問を考え、それをグループで出し合って検討する。各班の発問ベスト3を絞らせ全体に発表する。

＊このような移動可能な（個人）机の教室では、50人位でも案外容易にできる。「生徒指導論」の授業では、「喫煙で退学」の事例を検討した。裁判で学校勝訴と敗訴の事件を資料で示し、まず個人思考、続いて班、全体で検討する（集団思考）というパターンである。

＊教科書や資料を読む時は、「サマーSUMMAR」（2人で黙読し交互に要点を述べ合う）の技法も活用できる。

（2）授業は「教職入門」：固定式机の階段教室。約180人の授業。班をつくるために、事前に座席表を用意する。長机には偶数人座らせ、前後で4人組になれるようにする。横一列ではアイコンタクトが取りにくいので避ける。教師は教壇を離れ「この4人、そこの4人…」と指示しながら班を作る。最初は時間をとるがやむを得ない。

テーマは「教師の資質」。指導力・愛情・コミュニケーション能力・企画力・忍耐・教科の専門性・公正・協調性・判断力・教養・体力などから、教師に大切と思えるものを順位付けする。一番大切と思う事項を最上段に、次の二つを二段目に、最下部には最も下に位置付けられた項目

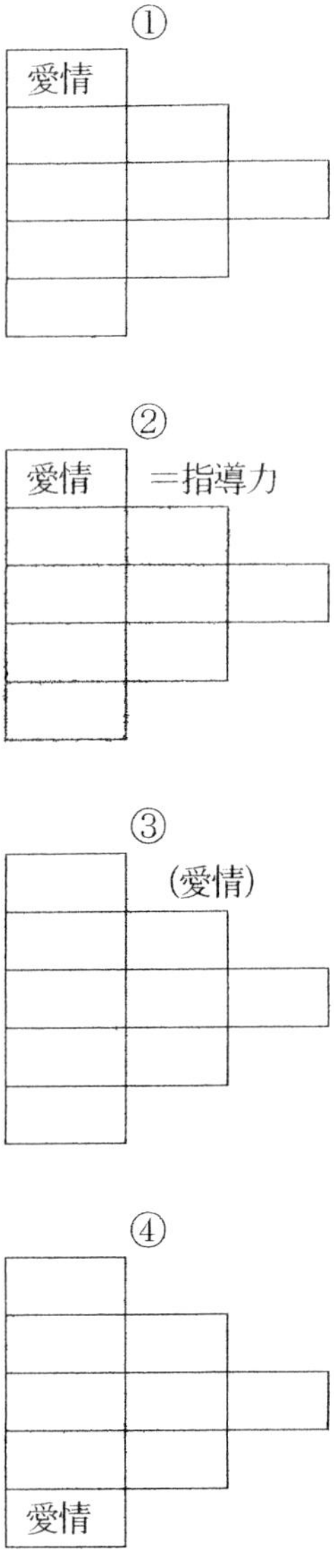

を記入する。最初は各自の考えを記入し、次にグループで見せ合って説明しあう。続けて議論し合い最後に各班で一つの順位付けを決める。無作為に4つの班を指名し、黒板に書いて発表させる。ある班の結果が次である。（愛情以外は略）

①は愛情がすべてで〝愛情があれば何でもできる〟という。全く反対の④は〝愛しすぎると危ない〟と言って爆笑をかい、一寸ふざけた感じもあるが、昨今教師のわいせつ事件が多く、その印象が強かったのか、「愛情」をその方向で受けとめた学生もいたということである。②は〝愛情だけでは甘やかすことになりがちであり、教師としてはきちんと指導すべきことは毅然として教えなければいけない。しかし教えることのみ厳しすぎると、子どもはつぶれるかもしれない。よって愛情と指導力の両方が大切なのだ〟という。③は〝愛情が大切なのは当たり前であり、他

の事項と同列に並べて順位付けするものではない〟と言う。議論は必ずしも深いものではないが、教師も学生も多様な考え方・受け止め方・発想などを知り、びっくりし面白く考えさせられた手応えがある。一方的な講義だけでは決して生まれない授業であった。

⑪

以上は、ある程度まとまった理念とそれに基づいた方法論（具体的手立て）のある授業論に関するものであったが、これら以外に「授業づくりネットワーク」や「教育技術法則化運動」、「プロ教師の会」等に集う実践家および学会や民間の研究団体などにも多く学んだ。ある意味で私は節操もなく、右でも左でも、小学校から大学レベルまで、少しでも私の実践に役立ちそうなものなら貪欲《どんよく》に求めてきたといえる。

第五章　私の教科外活動から

教師の仕事は授業がメインだが、それだけではない。教科外活動として行事・学級活動（担任）・生徒会活動・部活動（クラブ）などがある。

（1）部（クラブ）活動

近年、部活動について「部活指導は教師の負担が大きすぎる」とか「本来、部活指導は教師の本務ではない」とかの声が増えている。さらに「ブラック部活」との問題提起も生じている。そのため、これを学校外の社会教育の一環としてはどうか、の議論もある。確かにすべての教師が、どんな部活も指導できるわけではなく、教員資格もそれを前提にしてはいない。自分の経験してきた部活なら、それなりに指導も出来るが、時には、否しばしば全く経験もなければ興味もない部活の顧問にされる場合がある。端《はな》からその指導に責任が持てるはずがない。そこで誰もがしり込みして顧問のなり手がないような部では、外部からコーチを招くことも当然であろう。しかしその時も、部活動はあくまでその学校教育の一環であることを忘れてはならない。そのやりようによっては、教室では見られない生徒の一面を知ることが出来るし、生徒と教師のつながりを強固にする場ともなる。私の体験を述べてみよう。

⑫ 素人が顧問になる

創立四年目のC高校に転任するとすぐ、二〜三人の女生徒から声をかけられた。「軟式（ソフト）テニス部の顧問になってもらえませんか」と。その後も二〜三のクラブから要請された。教師としてどこかのクラブ顧問にならなければならないなら、最初に声をかけてくれたソフトテニスにしようか、というだけのきっかけで顧問となった。しかし、クラブ活動に対する意識も薄く、ましてソフトテニスなど全く知らず関心もなかったので、当初はただただ名前だけの顧問であった。

夏休み、女子が学校で合宿をするという。私は義務として三泊四日学校にいた。宿直室や職員室をブラブラしたり本を読んで時間をつぶし、一日もコートに出たことはなかった。いや最終日、もう一人の顧問に声をかけてもらい、最後きちんと終わったかどうかだけを確認しにコートへ行った。ただそれだけであった。試合に付き添っては行くけれど、他校の顧問のように、ベンチから指示を出したり、最後の円陣で気の利いた声をかけるでもなく、何の役割もはたせず、みじめでなさけない気持ちを味わっていた。日頃どんな練習をしているのか、戦績はどうだったのか知る由もない。部員には申し訳なかったが、全くの素人ゆえコートに出ていけなかったのである。しかし二学期、三学期とすすむにつれ、もう少し顧問らしくやれることはないものかと思い始めていたが、思い切って飛び込む勇気も機会も見つけることはできなかった。

やがて春休み、中心になっていた二年生の多くは引退し、ほとんどが一年生だけの練習になっていた。C高校の様子も分かり、クラブへ目を向ける余裕も出てきて、「同じやるならクラブの中へもっと入っていきたい」と思い始めていた。その含みもあったのか、T市のバレー指導者講習会に出席し、いくつかのトレーニングを学んでいた。ソフトテニスの本も何冊か読み、かなり確かと思える練習方法を三つ四つ準備した。私にとってコートに入るというのは、かなりの勇気を要したのであるが、ついに入ったのである。そして一年生に「四月からは君らが中心だから、春休み中にきちんと練習のパターンを作っておこう」とよびかけた。そのうち朝からの練習にも加わり、ランニング、柔軟体操もし、部員に向けてボールを出す（野球のノックのようなもの）役もしてみた。運動はもともと好きでもあったので、何とか恰好はついたように思えた。次の日もした。この二日でコーチのはしりをした感じで、クラブの中へ入っていけた実感を持つことが出来た。春休みの終わり頃、近くの高校と練習試合をした。向こうの上手な顧問の指導・コーチをみたいと思ったし、直接教えを受けたりもした。テレビでソフトテニスの講座をメモしながら見て学んだ。

新学期、私は二年生の担任と授業をもった。担任したクラスに副部長がおり、他の授業担当クラスに部員もいてクラブへ入っていくためらいも解消していた。放課後ちょこちょこコートへ行くようになった。ある時私はテニスシューズもなく普通の運動靴でコートに入ったところ、副部長から「先生、そんな靴で入らんといて下さい！」と怒られてしまった。それがその後ずーっと私の心の中にあって、コート整備の原点のようになった。トンボをかけたりローラーを引いたりすることを改めて意識させられた。夏休み頃には、私が練習の前面に出ることが増えていたが、ソフトテニスに関しては相変わらず素人であり、テニス用語・個々の技術指導・試合の進め方・前衛後衛の動きなど本当には分かっていなかった部分の方が多かった。それでも分かったような顔で顧問を続けた。もちろん本当に分かってきちんとした指導が出来るようになりたいという思いはずーっとあったと思う。しかし究極の所「俺は素人である」という不安材料が時々頭をかすめ、バンバン打ち合っている男子等を見ると、かえって彼らの足を引っ張るような気になり、ついつい腰が引けてしまう。

学校教育としての部活動

★私の部活動に対する姿勢は、あくまで勤務しているC高校教育の一環としてである。生徒はソフトテニスをするためにC高を選んだ訳ではないし、それで進路を決めるとも思われない。先ずはC高の教育がある。それは授業であり、クラスのことであり、学校行事であり、生徒指導上のことでもある。それらを無視（軽視）したり、さぼったりしてでの活動では困る。勉強時間や高校生としての教養を培う時間も保障される必要がある。そのため週一日の休みはとり、長期休暇中は半日練習でよしとした。下校時間はなかなか守れなかったが、特に延長届を出している日は、私が玄関で最後の生徒を見届けるのが習慣となった。春夏はそこでの雑談もまた一興でよかったが、冬の寒い時は「いつまでモタモタしているのか！」と叱ったこともしばしばある。

ある時、下校時間が過ぎていたので男子部長に「もうそろそろやめろよ」と言ったところ「試合前やからエエやないですか」と応えた。確かに試合前でゲーム練習に燃えていた。しかし部長であればこそ止めてほしかった。二、三のやり取りがあってついに「部長がそんな気持ちでおってどうするか！」と一喝してしまった。初心者ながらよく部長の任を果たし頑張っていてくれ、若干のためらいもあったが…。試合に単車で来た副部長もルール違反で一喝。こうした中でのハイライトは合宿中の麻雀事件であろう。夜中、寝込んでいる私の部屋をノックする音。急病人が出たかと急いで戸をあけると、ユースホステルの人、「多分お宅の生徒さんだと思うが、部屋で麻雀をしているようだ。ノックしても開けてくれない、ユース内での麻雀は一般の大人でも禁止なんです。何とかして下さい」。全く思いもしなかったことでビックリ、こんちくしょう！ その夜は遅いこともあって厳しい簡単な説教ですませ、翌朝早く他の付き添いの先生と相談し、合宿中止を決定した。男子だけを帰すことも考えたが、「C高校軟式（ソフト）テニス部」として来ているのだから、可哀相だが女子も含めてやめることにした。宿舎の人は、その日の食事の材料も用意しておられ、「生徒さんも反省していることだし、許してあげたら…」と言って下さったが、「いやこんな事を起こしてしまい、責任者として失格です。このまま引率して続ける訳にはいきません」。一泊早めての合宿打ち切り。学校に帰って各家庭へ電話連絡するのが又一大事であった。

★〝来る者は拒まず、去る者は追わず〟。クラブ活動は生徒が自分の好み・能力・目的などに応じて自主的に参加するのが原則であると考えているから、強引な勧誘をしたり、部員を減らすためにしごいたり、単調なトレーニングばかりを長くすることはしなかった。特に女子の数が多くてどうしようかと思う時もあったが、誠実に練習しクラブ活動に積極的である限り、大切にしてやりたいと思う。練習してもなかなか上手になれない子がいる。他の部から変わってくる子も、二年生で入ってくる子もいるがかまわない。だがこの私のやり方が批判された年がある。女子全員の署名入り抗議書を突き付けられたのである。私が拒否されればいつでも辞める覚悟はあったが、いささか感情的な批判という気もして、それほど深刻には受けとめなかった。ほどなくその騒ぎも消えて、いつもの活動に戻ったが、教師としての立場と生徒の気持ちのずれを意識させられた。やる気のある者はいつでも受け入れるという考えは変わらないが、逆に部員でありながら、きちんと活動しない者には文句を言った。ちゃんとした理由なく休みが多かったり、他の部とかけもちで練習に支障が来たりする子には、どちらかを選ぶよう迫ったこともある。又上手だからといって練習を抜けたり、いい加減なプレーをすることも戒めた。月曜日に出た後、試合前日の土曜日迄来なかった、かなり上手な子を棄権させたことがある。もちろんその裏で上級生のピンチヒッターを用意していた。ソフトテニスはペアーでするから、一方が欠けると相棒が困る。自分は少々練習しなくても上手なのだからとか、自分の都合ばかり優先して相手（ペアー）のことを考えないような人間にはなってほしくないという思いがある。

★集団の中の一員。部活動の教育的意義の一つに、無意識のうちにも人間関係づくりを学び、鍛えていけることがある。集団活動であるから自分だけの都合・好み・考えが入れられない場合がある。そのつど対処の仕方を考えさせられたり、我慢することを身につけていく。生徒同士ではその辺が甘くなりがちだから教師としての顧問の出番がある。煙たがられようと嫌われようと、必要な時には断固叱りつける。それもすぐ忘れ去られるようなものではなく、さらに理想を言えばその子の内面にじっくり、しんみり入っていくものであればなおよい。その代わりその時の説教で一件落着とする。後までうじうじ残さない。そういう考えで叱ってきたが、現実はなかなか理想通りにはいかないことも多い。合宿の夜、遅くまでラジカセをかけていた男子を一喝。準備運動中、何度注意してもおしゃべりをやめぬ子がいて、ついに「きょうは止めた！」といって職員室に引き上げたこともある。団体戦メンバーのために設定した練習に遅刻してきた子に「代表としての自覚が欠けとる！」と怒って帰したこと…。自分一人だとついつい甘くなりがちだが、皆とやれば泣き言を言ってはおれない。嫌な事、しんどい事もあえて課しそれをみんなで克服していくという経験を一つでも多く蓄積させてやりたい。いわば他律の効用である。

部長・副部長ら役員は、顧問と部員の間にあって色々気を遣うことも多く大変だと思う。しかし私はあえてそういう立場にたった子には、そうでない子の経験できないしんどさを克服して、より大きく豊かに育ってほしいと思うし、そうしてやらなければいけないような気持ちを持っている。それを最も強く意識して鍛える場が合宿である。練習内容の検討は言うまでもなく、一年生がボールを宿に忘れてきたといえば、部長・副部長を叱り、食事・風呂がスムーズに進まなければ役員に文句を言った。練習内容についても夜のミーティングで私が、不備を言い苦言を呈するから、発作的にか怒ってか部屋へ帰ってしまったり、泣き出したり、翌朝のラジオ体操に出てこれない部長・副部長もいた。それでも私はそのやり方を続けた。その代わり最終日には、すべての練習が終わると、心から〝ご苦労さん、よくやってくれた！〟と言うことが出来る。そしてみんなにも拍手でその労をねぎらってやってほしいと催促するのである。

テニスコートの私

★放課後になると私の心はクラブへ向かう。会議とか用事がない限り早々に更衣しコートへ歩く。その日の天候（暑いか寒いか、風が強いか弱いか）を考えながら。コートに近づくとおよその人数をパッとつかむ。一・二年生の数、前衛・後衛のバランス、経験者・初心者の数はどうか。それに応じた練習を考える。原則的には生徒の考えた練習に従う。若干の修正はする。その日の天候・メンバー・時期等を考え、私がすべて指示する時もある。一つの練習にラストがかかる頃には次の練習内容が決まっている。それが始まると次の内容を考えている。全員がよく動いているか、コート外の練習はどうか、練習が単調になっていないか、少しはしんどいと思わせる場面が入っているか、暑さにまいっていないか、寒さで体が冷えていないか等考えながら。

★厳しく？楽しく？　もっと厳しい練習を！という子がいる。楽しくやろうという子もいる。試合に行けば負ける度に「これからはもう少し厳しくやろう。ついてこれない者は思い切って切って行くのも仕方がないか」という気持ちになることがしばしばある。しかし学校に帰って練習になれば、「勝つためだけのクラブではない」という思いがでてくる。厳しさに欠けるといってやめた子がいる。早々に厳しいといって退部した子もいる。厳しさと楽しさの両立は難しいと知りつつ、それでも両立を目指してモタモタしてきたのが私の姿勢であった。特に体力的にも技術的にも上位の子には、明確に特別の練習を入れたこともある。しかし多くはみんなに分からないように、日常の練習に若干の差をつけること位だった。意識的に強い難しいボールを出したり、ラストにわざととれないようなボールを出して時間を少し延ばしたりした。時にはA班・B班と分けて差をつけたり、競争心をあおったりしたこともあったが長続きしなかった。勝つことにもっと意欲的な顧問であれば、もっと伸びたであろうと思える子が少なからずいて、そういう子には申し訳なく、忸怩たる気持ちがあった。人数が多く、もっと減らせという声もよく聞いた。少数精鋭でやればもっと戦績もあがっていたかもしれない。しかし私の力量ならあまり変化はないかもしれない。いずれにせよ、結局はこれが顧問としての私のあり方なのだということになるだろう。まじめに練習しクラブ活動に励んでいる子には、相応のハレ舞台も作ってやりたい。暑い夏に頑張った成果を試す五校対抗戦、一年の締めくくりとして顧問杯大会を作ったのも、そういう思いからだった。

素人ゆえにあちこちから素直に学ぶことができた。月刊誌『軟式テニス』は毎月買って活かせるものはどんどん使った。ある年の暮、NHKテレビで講師をされていた人の開いた指導者講習会に一人静岡まで出向いた。出張や私用で遠くに出かけた時は、その地の名門校を訪ね見学させてもらった。忘れられないのが、東京S高校の地脇監督、突然の訪問にもかかわらずとても親切にして下さり、その訪問記を書いたところ『軟式テニス』誌に掲載され、それが縁でわざわざ我がC高まで指導に来て下さったことがある。

こうした行動に私をかりたてるのは、前述の両立を願う心であろう。「もっと厳しく！人数を減らせ！」などと言われないようにしたい心情であったかもしれない。

★一日の練習を終えて生徒と雑談するひと時は実に楽しい。お互いリラックスして心を開き、たわいない話・冗談も言い合える。ついつい本音を出し合い深みのある話になることもある。気掛かりになっていた子に話かけるチャンスでもある。そんな時、西の空に真っ赤な夕陽が沈んでいるとなおよい。当時テレビで報じられる青春賛歌が一つのギャグになっていた。それでも私は生徒の冷やかし・しらけにめげることなく青春を賛美し続ける。一日を精一杯過ごし、心地よい疲れを感じながら夕陽に包まれて、その日の仕事を終えることができる状況を常々ありがたく幸せなことだと思ってきた。今思い出してもしみじみそう思う。この風景は私の教育の原点といってもいいかもしれない。私が先生になりたいと思った時、又は理想の先生像を描く時、決まってイメージされるのがこのような風景である。「充実していて楽しい授業がすんだ放課後、先生と子どもが校庭で遊んでいる。あっという間に時間が過ぎる。西の空に真っ赤な夕陽が沈んでいく。もっとどこからかお寺の鐘がゴーンと聞こえてくる。カラスが二羽、三羽ねぐらに帰っていく。もっと一緒に遊んでいたいという子達に〝又あした〟といって手を振っている先生…」—笑わば笑えである。

顧問の余得

ソフトテニスの顧問を続けることが多くの余得をもたらした。何よりも第一に心身の健康である。社会科教師である私が、毎日適度に体を動かし汗をかくことがいいことは言うまでもない。少々精神的に辛いことがあっても、運動することで気分転換できた。次にクラブ指導以外の時間を有効に集中して使うことも出来たように思う。C高以外の学校で放課後何をしていたか、これぞというものが思いつかない。漫然とおしゃべりしたり、新聞雑誌を見たり、もちろんそれなりに学校の仕事・授業の準備はしていたけれど、心底から私の血となり肉となっている実感がない。理屈を言えば、クラブ指導に時間をとられていた時以上の何かができるはずなのに…。

私はC高で日常的にクラブ活動をする一方、合流教育を学び、翻訳の真似事をし、わずかではあるが全国的な雑誌や研究会で授業実践の発表をさせてもらい、共著ではあるが2冊の本も出版できた。さらにこのクラブ活動に関わってきたことで、私の興味・話題も増え、思いがけない人との出会いも持てた。生徒との心の触れ合いを実感でき、教師冥利につきる思いも持たせてもらった。

このように部活動と顧問の在り方を考え実践している中で、特に嬉しく印象に残っていることを紹介する。

⑫―――――――――――――――――⑬

素人監督奮戦記―ブロック内ベスト8をめざして―

名前だけの顧問が　私にはテニス歴がない。だからこれまで、あまり練習の前面に出ることもなく、名前だけの顧問であった。しかし今年は違った。2年生女子が8組そろって練習熱心だったからである。わが高校女子の属するブロックは14校で毎回150～160組が参加し、ベスト8に残ると大阪府の中央大会に出場できる。顧問になってこの6年、まだ一度もベスト8に残ったことがない。

5月、個人戦のブロック予選が開かれた。校内では一番の力を持つI・M組が順調に勝ち進み、あと一つでベスト8というところまできた。しかしその試合も、ファイナルゲームにもつれこみ、あと一息と追いつめたのに、おしいところでミスを出し敗れてしまった。私は初めて興奮した。実にいい試合だった。あんなにがんばったのに、なんとかして勝たしてやりたい。ベスト8に入れてやりたいーそんな気持ちがムラムラと湧きおこってきた。素人ではあるが、この子たちのために出来る限りのことをしてやろうと思った。その夜、練習内容についてあれこれ考え出し、なかなか寝付かれなかった。翌日、大学でテニスを続けている卒業生に電話を入れ、時間の許す限りコーチに来てくれるよう頼んだ。又私から生徒に言って、週に二日は下校延長願いを出させ、わずかながら練習量を増やし、私もコートに出るよう努めた。たとえプレーしない日でも、帰る前に一〇分間でも、コートに顔を出した。生徒たちのくせが、また練習の問題点が少しずつ見えてきた。ボレーをする時、すぐ腕を振り上げてしまう前衛のためには、スポンジを丸めた枕のような物を作り、腋の下にはさませた。またネットの上一メートルくらいのところにひもをはり、打つ時の目安にした。軟庭の本も何冊か買って読んだ。歩いている時でも、食事中でも、トイレの中でも、思いつくことがあれば、身近の紙片にメモして、ノートに貼りつけていった。同僚の先生に頼んでプレー中の写真をとってもらい、特に悪いくせを本人に見せて注意した。近所の強い高校の練習風景をこっそり見に行ったり、正式に顧問に頼んで見学させてもらったりもした。一年生が非能率にバケツで水を運んでコートに水まきをしているのを見て、思いきってホースを購入し、少しでも練習内容の密度を高めようと努めた。ブロック外の学校に申し込んで練習試合をした。

がんばります!　このように思いつくことは、積極的に試みた。夏休みに入ると、私も朝から毎日コートに出た。その頃になると、多くの生徒たちをニックネームで呼べるようになっており、生徒と私の距離が一層近くなったように思える。

やがて7月末、5月の雪辱を期すべき大会がやってきた。初参加の1年生組をはじめ、全般的によく戦っていた。しかしトップのI・M組は、2回戦で他校の1年生組に惨敗。悔やんでも悔やみきれない結果に終わった。やはりベスト8の壁は厚い。素人監督ではとてもだめだなあと痛感させられ、私は再び平凡な名前だけの顧問に帰るつもりになった。しかしその夜、慰めとも励ましともつかぬ言葉をI・Mにかけると、あの気丈夫に見えたIが電話の向こうで泣いているではないか。さらに8月に入ると、彼女たちから暑中見舞いが飛び込んできた。「次にはがんばります」「また、びしびししごいて下さい」「よい成績をあげて先生を喜ばせてあげられなくてすみません。今度は何があってもがんばりますから」等々。こんなことは初めてだった。秋には最後の大会、新人戦が残っている。それまでもう一度がんばってみようと思い直し、再びコートに出て行った。8月の末、合宿の後すぐ団体戦があったが、3回戦で同じブロックの最強チームと当たり、あえなく2—0で敗退。

9月、新学期が始まると、10月予定の新人戦が9月15日に変更との通知——あわてた。宿題考査、実力考査に加え、体育祭・文化祭の準備が始まり、全員がそろう日も少ない。ともかくみんなで最後の追い込みにかかった。ほとんどの生徒が進学する本校では、二年の秋からクラブを引退して、勉強の方に比重をかけていく生徒が増えてくる。部員も例外ではない。しかし、「あと

2週間だけテニスにも力を入れてくれ!」と頼み込んだ。

続く学校行事、気持は焦るが

そしてついにその日、今年度最後の大会が始まった。主力のI・M組、K・N組のくじ運はよさそうだ。けど他の組はちょっと苦しい感じ。試合に慣れぬ1年生が次々と敗れていく沈滞ムードの中で、先の2組は順調に勝ち残った。そしてベスト16をかけて戦う頃は、日もやっと暮れ、定時制用のライトがコートを照らしていた。ボールが見にくい。「腰を落とせ、低い姿勢で待ち構えろ!」と合図を送る。やっとベスト16に入った時には、すでにとっぷり暮れていた。この勝ちムードの中でもう一試合したかったが、続きは10月1日と発表された。

ここまで来た。あと一つだ。このチャンスを逃すともうないのだ。「これからはこの2組を中心に練習する!」と宣言したものの、目前に迫った体育祭・文化祭のため、当人たちも含め、ガタンと練習に出てくる生徒は減った。さすがに秋分の日には、この4人も登校し、卒業生も呼んで練習させたが、翌週は雨が多く、ほとんど練習ができなかった。しかも試合の前日は体育祭であった。職員会議で事情を説明し、昼食時と閉会式直後に練習することを認めてもらい、気休め程度にすぎないものの、ボールが見えなくなるまで打たせた。

念願のベスト8入り、内に流れる涙

そして翌日、最後の試合の日だ。いつもよりかなり早く会場校に到着。試合が始まるまで練習をたっぷり現地でやることにした。特にI・M組は1回戦がまずい。そのためにも、ベスト8をかけて戦う本日の第1戦のためには、その前に十分体を温め、一試合分くらい慣らしておく必要があった。試合前の練習は他校もしている。しかし顧問が(それも決して上手ではない！)選手と一緒にコートに入って打ちあっているところはない。私も初めてのことで一寸気恥ずかしい。しかし今は何も考えまい。ただ悔いの残らぬようにだけはしておきたい。

やがて試合が始まった。そしてつい先ほどまでの苦労が、一挙に報われることになった。K・N組は調子よく戦っている。I・M組も3ゲームを先取した。両組ともそれほど苦戦することなく、その意味ではかなりあっけなく、念願の8強入りを達成してしまった。まちにまった勝利を共に喜ぶ暇もなく、生徒たちは、ひき続きベスト4をかけての試合に入っていった。だが、もはや私の心に勝負はなかった。目の前で苦戦を続けている生徒たちを見ながら、「オイ、もうそんなに無理するな。俺はもう十分に嬉しいんだ。よくやってくれた」とつぶやいていた。この4人を先頭に部員の顔が一人一人浮かんでくる。「お前たちの顧問であって、本当に良かった…。」

私は内に向かって静かに流れる涙を意識していた。

⑬

★B高校でも、全く未経験であったが、バレー部の顧問をした。試合に付き添ってもアドバイスが出来る訳でもなく、審判等とんでもないことだった。ただ「がんばったなー。惜しかったなー」位しか言えない存在であった。

それでも教育の一環としての部活動であるという面で、一つだけ顧問（教師）らしく振舞ったことがある。

夏休みの学校での合宿であった。最後の夜、夕食が終わる頃、部長らが一年生たちに「夕食後、先輩が来られるので練習あるぞ。しごかれるぞ」などと言っている。私は、合宿前にそんな予定は聞いていない。しかも食後30分の間もないようだ。部長に問いただすと、恒例の行事のようで仕方ないという。私は「そんな勝手なことは困るのでやめてもらえ」と言ったが、先輩ＯＢのプレッシャーは強く、現役生徒はびくびくして従う雰囲気がある。バレーに素人で指導の出来ない私も腰が引けて迷ってしまった。しかし思い切って先輩ＯＢを呼んで言った。「合宿はあなた方のものではない。部員一人一人の体力や状況がどんなものかも知らず、ただ鍛えればよいというのでは困る。まして食後30分もたっていない。もう少し食休みを与え、就寝予定時間にもきちんと間に合うように終えること、又私も見ている前でならＯＫしよう」といった注文を出した。

幸いその時の先輩は了解してくれて事なきを得たが、素人顧問でもやれることはあるのだということの一例である。

＊大学での教科外活動

★「教職クラブ」

大学ではどこかのクラブ顧問を強制されることはなかった。私は教職課程の担当でもあったので、「教職クラブ」という同好会を立ち上げた。教職の資格をとる者は多いが、採用試験まで受けて教職につこうとする者は少ない。そこで真摯に教職をめざす者だけのサークルを作ろうとしたのである。教師になるための勉強だけでなく、教師としての幅広い教養も身につけてほしいという願いもある。週に一回、誰かが話題提供者となり発表・討論し、その記録も書く。「読む、聞く、話す、書く」といった技量上達を含んでいる。時には私が話題を提供することもあるし、大学外に出て行くこともある。話題の中身は、主に教育雑誌から関心あるものを読んでまとめ発表する。それ以外の新聞・書物・事柄からでもよい。発表は模擬授業的にすることもある。近くのユニークな小学校を見学したり、高校の授業参観（実際は生徒と一緒に授業に参加）もした。京都ガイドの経験豊かな知人に京都市内を案内してもらったこともある。刑務所見学もした（これには同僚の大学先生も2人参加された）。親睦を兼ねてハイキングをしたが、これは模擬遠足と銘打った。子ども・生徒を引率する積りで、集合時間・昼食場所・トイレの有無などの留意を促した。こうした活動の中で最大のものは「自然観察」であった。

★講座「自然に生きる」ために

なぜか私に大学から「『自然に生きる』といった趣旨の講座を設けたいが、先生どうですか？」と打診があった。

私は二年ほど前から民間の自然観察会に入って興味を持ち始めていたので、少し心が動いた。植物に詳しい知人の協力を得て、先ずは大学構内の樹木を調べ名札をつけることを計画した。夏休みには、「教職クラブ」の活動を通じてどんな講座内容が出来るか検討してみようと思った。植物に詳しい知人の協力を得て、琵琶湖西岸に一泊して自然観察体験も実施した。これには「教職クラブ」以外の希望者も参加した。水生生物を顕微鏡でのぞき、近くの山麓で植物観察もした。ドングリや木の実、葉っぱや小枝で工作（クラフト）もした。一人乗りヨットで風や波を直接体験した。他方で「自然と人間」に関する文献も読み学び、講座内容の輪郭が出来上がり、翌年には無事その講座が設立された。

この琵琶湖西岸での自然観察体験がきっかけになり、近くの自然レジャー施設内の散策路などに樹木の名札（プレート）をつけることに進展した。その様子が新聞にも報道され感謝されたのは、嬉しいことであった。

さらにその後、本学卒業生が勤める中学校で校庭の樹木に名札を付けた。その際、「生徒に一寸話を！」と頼まれたことが、二転三転し、最後には私が「道徳」の授業をする羽目になった。

麦の根っこの話から生命がいかに多くの人によって支えられているのか、といった内容で責任を果たしたが、突然のことで冷や水ものであった。しかしこの授業と生徒が名札をつけている様子がまた新聞に掲載され、ありがたいことだった。

「エッ？　アレッ？　きれい（汚い）！　すごーい！　あつい（つめたい、寒い）！　甘い（苦い）！　いい（いやな）匂い、スベスベ、ザラザラ…」。日常生活の中で感性を刺激されることがどれくらいあるだろうか。自然に触れるのは、感性を豊かにする有力な一つの方法に思える。葉っぱもギザギザ（鋸歯）あるもの・ないもの、幹がザラザラ・スベスベのもの、赤い花（実）・青い花（実）…。「それがどうした？」と言われればそれまでだが、誰がこんな造作をしたのか、何のため？　自然には不思議・神秘が一杯だ。子どもたちが「エッ、何で？」「すごいなー」と思う時、先生も「何でやろう？すごいなー」と言える方がいい。クラフト材料も放っておかれればゴミ。それを活かすことに気付くかどうか、創意工夫、出来上がるまでの努力・我慢、出来上がった時の達成感・喜び、その人だけの作品＝個性発揮がある。

合流教育で感性に留意したが、教師（人間）たる者、ぜひ豊かな感性を身につけたいものである。

（2）学級経営―学級通信―

学級経営については、語るほどの実践はない。B高で班づくり・集団づくりの真似事を少ししたが、以後そのやり方はとっていない。むしろカウンセリングマインドを基盤に、支持的・肯定的風土のあるクラスづくりに留意してきただけである。その中でちょっとがんばったのが「学級通信」かもしれない。困難校と言われていたE高で三年生を担任した時である。クラスの朝礼や終礼で何かを伝えたくても、生徒はなかなか落ち着かず聞き入れているようには見えない。仕方なく（?）、担任の思いを伝える手段として「学級通信」に取り組んだ。配布してもすぐゴミ箱に放られることも覚悟して、せめて一学期間でも続けようと決意した。冒頭には、言いたいこと・考えてほしい事を出来るだけやさしく書くこと、「ホッとコーナー」を設けて、生徒の言動でうれしかったこと・ホッとしたことを書くこと、イラストなども入れてとっつきやすくすること、単なる連絡や説教にならぬよう配慮することなどに留意した。冒頭の文と「ホットコーナー」の一コマが次である。

⑭

なんのための勉強？

〝こんな勉強なんか、何の役に立つん？〟よく聞く声、誰もが一度は持つ疑問。ひょっとしたら普通高校の勉強に、すぐ役立つ実用的なものなんてないのかもしれない。それならサボル？　やめる？　授業料が無駄？　やめたっていいんですよ。でも行けるものなら行った方がよい。目に見えずとも実用的でなくても、あなた自身の人間的成長がある。残念ながらこれを実感的に分かるには、一七、八年の人生は短かすぎるかも？　全然高校へ行っていない自分を想像してみて下さい。あるいは将来、あなたの子どもが算数の計算を習い始め、計算の宿題が出た時をイメージしてみて下さい。考え考え計算しているが間違いもする。そこで親のあなたは子どもに電卓を渡す。子どもは喜んで短時間で満点に仕上げる。〝よかった、よかった〟と言えるでしょうか。

たとえ時間をかけ間違いながらも、自力で解けた時は、無条件に嬉しいものです。英語が一寸分かるようになった、自力で三m泳げるようになった、一曲弾けるようになった、他人の立場が少しでも分かるようになった等々。人間としてちょっぴり成長したかなと思える一瞬。そんなチャンスを一杯用意しているのが学校であり、勉強なのですが…。

フンドシ一つで個性は出ぬか？

世にさまざまな制服・ユニフォームあり。会社はいうに及ばず、野球・サッカー、コックさんにマクドナルドの店員さん、坊さん・警察・お医者さん…。制服が個性を圧殺し表現の自由を侵害しているというなら、これらすべての制服・ユニフォームが廃止されてよいのに、そうはならない。個性の表現といいながら、多くの人が仲間内で同じような外見になっているのは不思議です。実力ある人は、そして真に個性ある人は、外見がどうであれ、その個性を発揮できるようだ。外見がそれに何がしかのプラスをもたらすこともあるだろうが。最も単純なユニフォーム＝「フンドシ一つにチョンマゲ姿」の力士は個性が出せないか？君がフンドシ一つになった時、「これが私だ、俺なのだ」といえるものは何だろう？ひょっとしたら、みんな一緒の服装・髪形の時にこそ、真の個性は目立つのかもしれない。個性はその人の内面からにじみ出て、いつの間にか静かに力強く輝いているような気がする。

諸君！時にはフンドシいっちょの自分をイメージしてみよ。（女性の場合はせめて学校の水着にして下さい）

あれかこれか

哲学者キールケゴールという人の本に『あれかこれか』がある。現実の我々は「あれもこれも」と願う。だが実際には、その都度一つしか選択できないことが多い。「あれかこれか」どっちかである。〝授業中寝るか寝ないか〟〝昼はパンかうどんか〟〝パンはアンパンかメロンパンか〟〝就職か進学か〟〝するかしないか〟…よくよく考えてみれば、無数の選択肢から一つだけ選ぶのは大変なことだ。無数のパンの中から一つ選ぶのは大変（？）だけど、君の人生を左右するほどのものではない。無数の進路先から一つ選ぶ、無数の異性から一人選ぶ（結婚）——これは重大な選択だ。選択を誤り後で後悔することもある。だからこそ、決定するまで出来る限りの情報を集め、熟慮する方がいいのだ。誤りや悔いの少ない選択をしたいものである。だが、いったん決定したら迷うな。その時、その状況下で精いっぱい考えベストの選択をしたのだから。

＊ホッとコーナー

★「昼食もそこそこに保護者向け進路説明会の準備。会場への道順を示す貼り紙を玄関で掲示していると、副担の先生が、わざわざ私に向かって『この頃、よく掃除にきてくれますよ。なかなかいい感じですよ』『エエッ、そうですか。うん、そう、そうですね』。クラスの子のいい話を聞くと…エヘヘヘー。私は階段を駆け上がって、残りの紙を貼りました」。

この程度の「ホッとコーナー」である。他に、★忘れ物をして取りに帰った後、Aさんはきちんと学校に来て、B君は電話で報告してくれたこと、★放課後、体育祭の旗づくり作業の日、担当の子が休んでいたので、突然別の子に頼んだ。「急に言われても予定があるのに…」。もっともな言い分で、来られなくても仕方ないなーと思っていたら、「まあ時間まで」といってきてくれていたこと。★廊下ですれ違った掃除当番の子にダメ元で「教室のゴミ捨てておいてや」と言ったら、「エッ、何で私が⁉」と言ったCさんがその通りしていてくれたこと等々。普通なら、わざわざ取り上げるほどのことでもないのだが、当然のことがなかなか出来ない（しない）子も多い。いわゆる困難校と言われている学校の生徒には、自己肯定感が弱く、劣等感をもつ子も珍しくない。当たり前のことがきちんとできれば賞賛に値するし、それを見る私も嬉しい。

⑭

第六章　豊かな教師人生のために

学校現場でさまざまな取り組みをさせる教師の原動力には背景がある。その人その人の人間性といえるものかもしれない。毎年毎年多様な児童・生徒を相手にする教師は、やはり柔軟で多様な側面を備えている方がよい。考え方・感じ方がワンパターンであれば、当然子どもへの見方もワンパターンになるだろう。子どものみならず、多様な性格の保護者にも会うし、行事や校務分掌の仕事を通じて、さまざまな行政や民間の社会人にも接しなければならない。そういう性質のある仕事上、教師の人間性も柔軟で豊かでありたい。とはいえ、持って生まれた性格や能力もある。それでも必要なら、相応の努力を積まねばならないし、特にプロの教師なら欠かせない事でもある。しかし日々、現場の仕事に追われてそんな時間を見出すのも大変であるという人に、私の経験から二つのことを強調しておこう。読書と積極的な体験活動である。

（1）私の読書から

私の本格的な読書は、『学生に与う』以後といってよい。その著者河合栄治郎氏の本を求めて古本屋通いが続き、そこから触発されて、阿部次郎やカントなどの哲学・思想書、人生論へと導かれ、内外の小説を読み、時代物や経済小説も読む。教育書は当然ながら、教師の自叙伝・実践録、さらに教材に関わるルポ・ノンフィクションものなども読んできた。かなり雑読である。

高校生対象に書いた読書論を三つ述べる。

⑮

(a)私の愛読書

『破戒』（島崎藤村）＝初めて読書によって考えるということを教えてくれた本。『細雪』（谷崎潤一郎）＝かなりの長編でも読めるんだということを教えてくれた本。その後漱石や有島武郎をその深く意味する所も知らず読んだり、武者小路実篤の作品を快く読んできた。現実社会の矛盾や、人間の内面深く横たわる苦悩や悲しみなどは、ほとんど知らず、ひたすら少年らしい善良な正義や理想を皮相的に受け入れる読み方にすぎなかった。本当に読書の味が少し分かりかけてきたのは、戦前のリベラリスト河合栄治郎氏の『学生に与う』一読以来だろう。大学生になりたてで浮き浮きしている自分に、学生の何たるかを語り、教養の厳しさとそれへの憧憬をつのらせ、「価値あるものへの感激、深いものへの魅惑、魂を震わすものへの涙」を志向させた。古本屋をめぐり歩いて一冊一冊求めていくうちに、氏の思想が頭を離れなくなり、河合ヤンのはしくれになっていた。分厚い『社会政策原理』や『T・H・グリーンの思想体系』等を通じて理解した氏の思想は、道徳哲学・社会哲学・人間観・社会思想が一体となってまとまった体系を作りあげていた。『学窓記』や氏の日記等を通じて、個のモラル、読書、学問の大切さを知らされた。いわば求道者的な精神の息吹きに触れたように思える。次から次と人生論、教育論、政治・経済・歴史等学んでみたい気持ちに駆り立てられる。倉田百三や阿部次郎の執拗な自己追及も苦にならなくなった。『愛と認識との出発』三太郎の日記』等にひかれ「いかにあるべきか」の追求に必死の自分。四国の山奥で読んだ『ジャン・クリストフ』の感激、ひしひしとした人生論、そういう中で読んだ『竹沢先生という人』は一服の清涼剤の如くさわやかだった。岡部伊都子氏の感受性豊かでみずみずしい随筆が心を満たした。『美を求める心』『折々の心』など今も時々取り出しては、しみじみ味わっている。啄木の歌や短文が心をしめつけた。

教師になってからは、やはり教師の自伝や実践録(『可能性に生きる』(齋藤喜博)『落第生教室』（福地幸三）などが夢中にさせてくれた。教師の道をプロの精神で生き抜いている情熱に熱い刺激を受ける。分野は違うが、『岩宿の発見』（相沢忠洋）や『まぼろしの邪馬台国』（宮崎康平）などにも、ひたむきな人生への情熱があり、そのほとりに消えかかる我が内なる小さな炎も又、ユラリと動かされるのである。『人間の壁』以来石川達三氏に興味を持ち、『非の器』『我が心石にあらず』を通じて高橋和巳氏の作品をもっと読みたいと思っているこの頃…。

あちこちに手をだしてまとまりのない読書になっているが、こうして思い出すと、その頃の内面が偲《しの》ばれ、一冊一冊に愛着を覚えるのである。

(b)やっぱり本はおもろい！

読書の楽しみは、つまる所〝心動かされる〟ことではなかろうか。単調な繰り返しの日常生活では、〝心動かされる〟ことは少ない。だから毎日が退屈でもの憂く、つまらなくなりがちである。「何か面白いことはないか？」とキョロキョロする。心動かされることには、旅に出て物事が新鮮に映った、映画を見て感動し泣いてしまった、○○さんの話を聞いて、しみじみ生き方を考えさせられた、思いがけず物事が予定通りいってルンルン気分だ、思うようにいかず残念・悔しい・泣きたい気分だ、等々がある。それらはほとんど自分以外のもの（外界）によって引き起こされる。心動かされることが、外界に依存している限り、他者（外界）の都合に左右される。

その場限りであったり、偶然であったり、時にはお金がかかる。所が読書は自分から、大したお金もかけずに、〝心動かす〟経験を創り出すことができる。ドキドキ・ハラハラ・ルンルンさせられ、涙、涙の感動もある。しみじみ人生を考えさせられたり、その妙味を発見出来たりもする。やっぱり本はおもろいのです。読書の楽しみを実感できる人とそうでない人の差は大きい。ともかく自分にとって面白そうな本、気の向いた本を読み始めることです。思いつくまま何冊か列挙してみる。

●『愛と死を見つめて』(大嶋みち子・河野実)…青春期、涙なしには読めない。●『何でも見てやろう』(小田実)…これが若さか、世界は広い。人生深い。●『点と線』(松本清朝)…あぁ、途中でやめられない。●『清貧の思想』(中野孝次)物あふれる現世に一服の清涼剤。●『道は開ける』(D・カーネギー)若いうちに一度は人生論的なものを読んでおきたい。●その他司馬遼太郎、三浦綾子、田辺聖子、吉川英治等々、おもろいぞー！

(c)読書からの実感三つ

①耕される

悩ましい事である。読書すると、新たな疑問や迷いが喚起される。全く未知だったことに気付かされたり、それまでの考え(固定観念?)が否定されたりして、自分が吟味・反省させられる。何が真実で何が正しく、何が善なのか?ああだ、こうだとゴチャゴチャ心が耕されている実感である。

②花咲き実がつく

喚起された疑問や迷いから自分を解き放とうと、さらに読み考えていくと、やがてそれ（自分）なりにまとめられたり、納得したり、答えが見つかったりする。漫然としていたものが明確になる。特に生き方については、多様な価値観・在り様を受容でき、物事を多元的に見ることも出来るようになる。ちょっと自分の考えが広がり深まり成長した実感である。耕された心に小さな花が咲き、実がついたようである。これが「学ぶ」ということかもしれない。

③美味しく栄養あり

その実（成長の実感）はそれだけで美味しい（嬉しい）。その美味しさをもっと知りたい、もっと知見を広めたいと意欲がでる。知的連鎖の営みである。生活上の新たな知見は現実生活に役立つ。のみならず読書は、ハラハラ・ドキドキさせ、怒り・悲しみ・笑い・安堵感等々を与え、情緒面をも潤してくれる。古今東西に及ぶ多様な人生や（疑似）体験をさせてくれる。しかもそれらは人間だけがなしうることだから、極めて人間的な喜びであり、人生を豊かにする栄養でもある。

私を読書に引き込み、これら三つの実感を与えてくれたのは、河合栄治郎氏の『学生に与う』他の著作であった。長年の高校・大学教員として、最も耕され実をつけられたと思うのは、斎藤喜博氏「他の」現場教師の実践録である。多感な青年期に生き方についてひしひしと感じ考えさせられたのは、河合氏の弟子塩尻公明氏の人生論であった。その他『エミール』（ルソー）『実存主義とは何か』（サルトル）『第三の波』（トフラー）『人類の自己家畜化と現代』（尾本恵一編）なども忘れがたい。

⑮

（2）私の体験から

現代は情報化の時代である。溢れる情報機器で多くのことを見聞し疑似体験できる。しかし「百聞は一見に如かず」という。こういう時代であればこそ、あえて多様な直接体験を試みてみたい。体験して初めて得られるものは多い。そんな私の経験を紹介する。

★プロ文革下の教育事情

教師になって三年目の夏休み（一九六八年）、ある団体の募集に応じて文化大革命下の中国に行った。私が訪問できた学校で見聞した事を紹介する。

⑯

◆同済大学にて。建築学系工科大学である。正門正面には巨大な毛沢東像がそびえ立っていた。超満員の会場で次の如き話を聞いた。従来学校を支配していたのはブルジョアインテリで、実際とはかけ離れていた。いたずらに難しい理論ばかり教えた。ポンプの理論を教えても実際にはスイッチの位置さえ知らない。彼らは毛主席のプロレタリア教育に反対し、精神貴族として地位と名誉の思想を主張した。「今君たちは大学生だ。もう一般の人ではない。知識分子になりました。建築士であって大工や左官屋ではない…」というように。教育内容も西洋の物質文明ばかりを吹聴し、学生を資本主義復活の道具として育てようとしたのである、として、こうした古い教育制度を徹底的に打破せねばならぬと言う。毛主席の五・七指示（学生は文化を学ぶだけでなく、工業・農業・軍事を学ばねばならずブルジョアジーを批判せねばならぬ。修業年限は短縮し教育革命を行わなければならず、ブルジョア知識人が学校を支配している現象をこれ以上継続させてはならない）に従って、これを具体化するため学校と設計隊と工事現場の三つを統合した新しい大学を創り出している。「教育を生産労働と結びつける」という方針が貫かれようとしている訳である。この大学の最高権力機構は四〇名ほどからなる革命委員会で、その責任者は実に二四歳である。

◆上海魯班中学校にて。ここでも最高権力機構は革命委員会で兵士・生徒・教職員・党の指導幹部の各代表総計一七名によって構成されていた。学校運営費は国でだすが、生徒も少しは出す。生活困難な者には援助又は免除の道もあるという。教職員の病気はすべて無料で診てもらえ、産前産後の休暇は原則として五六日、難産の時は七〇日、流産の時は二週間。すべて病院に行き公費医療で、その間の給料は不変である。

教科内容について最も特徴的なのは、「毛沢東思想」「大批判」の授業。前者は文字通り毛主席の本を毎日読んで、徹底的に毛思想を学ぶことであり、後者は学校の走資派（資本主義路線に走る一派）がこれまでに歩んできた罪、および彼らが毛思想に反対してきた事実を暴き出し、皆で批判を加え、その授業結果を大字報（壁新聞）で張り出し、広範な大衆に知らせていく、というもの。理科・体育・数学・英語もするが、その占める割合はきわめて少ない。文革以前、週に数学・物理三時間、文革後数学二時間、物理一時間程度である。授業準備も学生・教職員で一緒にやり、ある点で最もよく理解している者がいれば、たとえ生徒でも教壇に立つという。教室・廊下・階段の壁には、毛沢東の肖像画・写真・スローガン・大字報が張り巡らされていた。

◆北京市第二十三中学校にて。五十一人クラスで約二千人の生徒、百十人の教職員の規模。解放軍の軍政訓練団（軍から派遣された軍事体育と毛思想学習による政治教育を指導する）がこの学校に入って毛主席の三・七指示（クラスを基礎に全校の大連合を実現し、教職員・生徒・軍の各代表よる三結合の指導機関をうちたて、闘争・批判・改革を行うという中学校の指導）を実践したことにより、昨年四月に革命委員会が学校に成立したことを話してくれた。この学校の教育革命の内容は㋑毛沢東思想の大きな学校にする、㋺解放軍に学び政治の学校にする、㋩教育・思想・制度・教授方法についての改革をすすめる、というもの。一つ一つについて具体的なことは知らされず、聞く時間もなかったが、座談会の席上次のことが分かった。

①この学校は文革以前、校長が一切を支配しその下に（教導主任の集まりである）教導所があって、学校運営の中心となっていた。プロ文革の過程で名利思想・知識を多く求めるやり方を排し、毛思想で学校運営するべく三者結合による革命委員会をつくりあげた。過去と最も違うのは「学生が学校運営に参加すること」である。なぜなら「学生こそ学校における最大の大衆」だからである。学校の末端組織は各小隊毎（一クラス＝一小隊で政治指導員がつく）にある文化革命組であって、そこに教員、学生がともに入って、革命を指導していくのである。三クラスで一中隊となり、中隊長と指導人がつく。

②「古いテキストには封建主義、資本主義、修正主義のことが多くあり、中に四つの大きな誤

りがある」としている。その四つは（a）階級とその闘争を抹殺している（b）きわめてスコラ哲学的で複雑・抽象的である（c）実際とかけ離れた理論（d）形而上学的すぎる、である。たとえば（a）の場合、語文（国語）の教科書中「春」と題した一文がある。牧童が擬人化された草や花、風と毎日楽しく語らい、笛を吹いて幸せな生活をしている、という内容だが、抗日戦争の中で最も地主に痛めつけられ、ひどい抑圧の下にいたはずの牧童が、毎日きれいな笛をふいて風流に歌っておられるはずがない。階級性をぼかしねじまげている。（b）の場合、数学の定理で「二点間の距離は直線が最短である」という。これは誰でも、犬でもわかる当たり前のことで、我々中国人は犬の定理とよぶ。それを何時間もかけて説明し、時間を無駄にし、かえって学生の頭を混乱させるばかりである。（c）の場合、アメリカへ一八年間留学した生物教師は、黒板の上では多く教えたが、実際農村へ行って、豆と瓜《うり》の苗の区別がつかず多くの農民に笑われた。（d）の場合、数学の正数、負数について、東を正数とすれば西は負数で表現したりする。西へ五キロ行くのを東へマイナス五キロ行くといったりする。

③文革以前は学生が理解しようとしまいと一時間中、教師が詰め込むというやり方であった。文革の中で軍事訓練のスローガン「将校が兵士に教え、兵士が将校に教え、兵士同士が教え合う」と同じように、教員と学生が相互に教えあう。学生も教壇に立つので、教員と一緒に授業案を考えるから、教員と学生の結びつきが固くなる。

④かつての試験を毛主席は「学生たちを攻撃するようなものだ」として鋭く批判。現在はまだ一定の決まった評価方法はないようである。

現在行われている時間割の一例を見ると、七時半～八時軍事訓練。八時～九時政治・毛沢東思想。九時半～一一時半文化（数学・理科・国語・政治等）。昼食は自宅でとって休憩。午後三時～五時半闘批革の時間。これは大字報作成、修正主義批判、文芸活動等に当てられる。

我々の社会をしっかり認識するために、異質の社会を学ぶことが有効であるように、我々の教育問題を知るために、こうした異質の教育事情を知ることが何かのヒントを与えてくれるかも知れない。

⑯

★タイでのボランティアー活動

一九九〇年八月、タイのチェンマイから約五〇㎞奥地にある農村で小学校を建てるワークキャンプに参加した。昼は我々日本人とタイ人が一緒に作業し、夕方は文化交流を行い、夜は農家でホームステイする。様々な職種の社会人・主婦・大学生・高校生などの老若男女約五〇名が参加。当然ながら異質文化に接して、あちこちで「エッ？　アレッ？　ウーン！」である。詳細は略すが一つだけ直接体験ならではの印象的な事を述べる。昼間の作業を終えて、現地若者のバイクに乗せてもらい、観光地の売店に行きビールを飲む。現地の親方さんにも勧めるが、嫌いなのか遠慮されていたのか、なかなか受けようとされず、それでも勧めるとやっと遠慮気味に飲まれた。後で聞くと、そのビール代は彼らの日当に相当する位の値段であった。終戦直後、アメリカ人がチョコやガムを子供たちに投げ与えていた風景を思い出し、忸怩たるものがあった。

この活動をきっかけに後日、日本に留学しているタイ人二人が我が家で日本の正月を体験することになった。おせち料理や鏡餅などを珍しがり、あれこれ質問を受けたが、うまく説明できず、かえって私が日本の伝統文化に疎いことを知らされ、勉強の機会になったことは皮肉な（ありがたい）ことであった。

このような体験ができたのも、それだけ余裕のあった夏休みのお蔭かも知れない。近年、授業や特別の用事が無くても出勤せねばならぬ硬直的な制度になって、こんな体験はかなり難しくなっているように思える。もう少し教師には自由な活動のできる時間的余裕が与えられるべきではないかと思う。

★以上二つは少し特異な体験であったが、めったに得られぬ機会は、思い切って飛び込んでみることがあってよい。この他、約二〇ヵ国を訪問したが、常に気がかりであったのは、授業のネタになるモノはないかということであった。

美しい風景や美術、料理そのものを楽しむというより、教材になるかどうかが先行し、その意味ではあまりほめた旅行者ではなかったかもしれない。

国内ではよく山に登ったが、これは教材より自然そのものを感じていたと思う。雄大な山脈や変わりゆく雲・風・気温、突然の雨や雪、虹に驚き、珍しい動植物に感心していた。当たり前のことであった季節の変化を随所に見、聞き、触れて、改めて自然の不思議・神秘を実感させられた。後年、自然観察に興味・関心が持てたのも、こうした背景があったからかもしれない。

★対人交流も広い意味で「私の体験」になるかもしれないが、教師（人間）としての私の見聞を広めてくれた人たちのことを述べる。

先ずは「河合栄治郎研究会」とそれに連なる人たちである。この会は代表者川西重忠氏（桜美林大教授）はじめ大学人が多く、主に学問的刺激を受けることができた。また川西氏による「神戸社会人大学」には、弁護士・デザイナー・ビジネスマン・余暇にチンドン屋さんもする女性実業家などもおられて、多彩な見聞を得られた。時々一文を書いたり、講演する機会を与えられ、「書くこと・話すこと」の訓練も出来たように思える。

次に、英虞湾の小さな島に寄り集《つど》うグループがある。大学の質素な臨海宿舎と海以外何もない。そこに、植苗勝弘氏（元徳島文理大学教授）を中心に、大学の先輩・後輩から始まってその、家族・友人・知人が加わり、毎夏三〇数年間続いた。特別の目的があるわけでもなく、ただ飲んで喋って各自好き勝手に過ごす。適当に泳ぎ・釣り・麻雀・囲碁将棋・卓球・読書・ごろ寝に興ずる。ただボーっと海を眺めている者もいる。大学人・医者・銀行や商社、NHK等に勤める者・塾経営者・学生・こども・主婦業など実に多彩。各自の専門性以外趣味も多様。教師世界だけでは得られぬ雑多な知見に接し、様々な生き方・考え方を垣間見ることができ、学ぶことが多い。

教師にはその専門性以外にも、人間としてのすそ野を広げることが大切であるなら、こうした機会を出来るだけ多く持ち、積極的に体験し学ぶことが求められる、と言ってもよい。

こうして振り返ってみると「教師を生きた」というより最後まで「教師修業」の半世紀であったと思える。

教育とは、「人格の成長＝可能性に生きる＝自己実現」としたが、それは又「人間力の成長」でもあった。各自の人間力を死ぬまで成長させ続ける生き方が、良い死に方でもあるだろう。余命3か月と言われながら新たな事を始めたり、英会話を学ぶ人、明日特攻機に乗って死ぬと分かっていながら哲学書を読む学徒兵…。授業や仕事に活かせないと分かっていても、なお学び成長していく人間でありたい。そして「私を生きた！」と言って、人生の幕を閉じたいものである。

引用・参照文献

①「教育現場における河合栄治郎」（河合栄治郎研究会『教養の思想』社会思想社二〇〇二年）
②「『人格の成長─可能性に生きる─自己実現』の現実化をめざして」（人間中心の教育研究会『人間中心の教育』一九九二年春号）
③「生きてる限り人間力」（『歳月を超えて』茨木高校第13期三年一組記念文集二〇〇〇年）
④「若手教師のための授業上達法─学級経営の視点から─」（『授業づくりネットワーク』二〇〇七年10月学事出版）
⑤「情熱ある授業とは？」（『一橋情報─公民科─』一橋出版一九九九年）
⑥「民主的訓練としての教育─集団主義教育への接近─」（『虚』第2号　大阪府立O高校Y分校）
⑦「アメリカ・カナダにおけるドロップアウト生徒の指導と合流教育」（『生徒指導』一九七九年9月号　学事出版）
⑧「『人間関係づくりのヒューマニスティック・アプローチ』試論」（『神戸社会人大学第一〇期生論文集』一九九七年）
⑨「百芳教育研修講座と私」（河津雄介編『百芳教育』第九号　一九九六年）。研修講座の内容は河津雄介『教師性の創造』（学事出版）、『授業を生き生きとしたものにする教師の力量を高め

る基本教材』（ほんの森出版）がある。
⑩「生き生きした授業を」（河津雄介編『百芳教育』第一号一九八七年）
(c)「さいころトーキング」「価値の序列」(e)「(こいつが) なんでここにいるの」は『授業づくりネットワーク』（一九九〇年6月号学事出版）、『教師と生徒の人間づくり第3集』（瀝々社）。「私のCM」は『生徒指導』一九八八年1月号学事出版。
(d)「ぼくはくまのままでいたかったのに」のスライドは小西正雄氏（当時兵庫県立高校）の作成。(g)「株売買ゲーム」は『授業づくりネットワーク』創刊号一九八八年日本書籍。(h)「人権学習」は『授業づくりネットワーク』（一九九二年5月号学事出版）、藤川大祐編著『「総合的学習」の実践アイデア集①』学事出版。
⑪「協同学習をめざして」（日本協同教育学会『協同と教育』第3号二〇〇七年）
⑫「軟式テニスと私」（西谷英昭編著『われらが青春―20年の歩み―』一九八九年）
⑬「素人監督奮戦記」（『軟式テニス』恒文社一九七九年1月号）
⑭「3の1学級通信」（一九九八年）
⑮(a)大阪府立B高校『図書館報』第23号一九七〇年。
(b)大阪府立E高校『図書』二〇〇〇年）
⑯「プロ文革下の教育事情」（『社会思想研究』21巻11号一九六九年）

[著者略歴]

西谷　英昭（にしたに　ひであき）

大阪府生まれ、大阪大学経済学部卒業、龍谷大学文学部大学院（教育学専攻）修了。大阪府立高校教諭、京都橘大学教授、立命館大学非常勤講師など歴任。

主な共著書：『教養の思想』『現代の学生に贈る』（河合栄治郎「学生に与う」の現代訳）『高等学校　政治・経済』（教科書）『合格《うか》る政経』『国際経済』『かわる世界の学校』『教師と生徒の人間づくり・第３集』『心と感性を“育てる”エクササイズ』（「LEFT - HANDED TEACHING」の共訳）他

教師を生きる！

2017年2月15日　初版第1刷発行

著　者　西谷　英昭
発行者　川西　重忠
発行所　桜美林大学北東アジア総合研究所
〒151-0051　東京都渋谷区千駄ヶ谷1-1-12
桜美林大学千駄ヶ谷キャンパス
Tel：03-5413-8912　　Fax：03-5413-8912
http://www.obirin.ac.jp/
E-mail：n-e-a@obirin.ac.jp
印刷所　藤原印刷株式会社

ISBN978-4-904794-84-5